LE SOMMAIRE

LES SAUCES

LES ENTRÉES

LES PLATS

LES DESSERTS

VALÉRY DROUET
PIERRE-LOUIS VIEL

Après de nombreuses années passées dans les cuisines de restaurants gastronomiques à Paris, Londres et sur la Côte d'Azur, Valéry Drouet a conclu sa carrière de cuisinier dans l'un des plus grands studios de photo de Paris, où il préparait les repas pour les équipes.

C'est à cette époque qu'il a rencontré Pierre-Louis Viel, photographe d'accessoires de mode.

Tous deux curieux de se tourner vers le stylisme et la photographie culinaire, ils décident naturellement de faire équipe. Aujourd'hui, ils ont réalisé plus de 90 livres, notamment toute la collection *Gueuletons* publiée chez Mango.

Ils y présentent des repas généreux et conviviaux à partager entre amis, et se passionnent pour des recettes simples mais authentiques, qui mettent en valeur les produits sans les altérer.

Dans ce livre, c'est la cuisine traditionnelle des bistrots qui est mise à l'honneur… une véritable plongée dans le terroir français !

LA CUISINE DES BISTROTS

Contrairement à une légende aussi fantaisiste que tenace, le mot bistrot ne remonte pas au stationnement des Cosaques dans Paris. L'histoire raconte qu'en 1814 ces soldats criaient « bistro » -qui signifie « vite » en russe - quand ils entraient dans des cafés pour être servis rapidement.

“ En réalité, le mot bistro ne serait apparu dans le langage courant qu'à la fin du XIXe siècle, mais son étymologie reste assez vague. Il désignait un établissement où l'on consommait sur le pouce un repas ou un verre de vin, mais où l'on pouvait aussi acheter du bois, du charbon, quelques produits d'épicerie, du tabac et parfois même du mazout.

Estaminet dans le nord de la France, bouchon dans la région lyonnaise, bistrot à Paris et dans le reste de l'Hexagone. Ces lieux, au fil du temps, se sont concentrés uniquement sur le bon boire et le bien manger et se sont mis à proposer une cuisine régionale pour certains établissements, familiale pour d'autres ou simplement représentative de tous les terroirs français, le tout servi « à la bonne franquette » à savoir sans embarras et sans cérémonie en opposition à l'expression « à la française ». Consommée au comptoir (appelé aussi « le zinc », mais fabriqué en étain) ou en salle autour d'une table et des incontournables chaises bistrot inventées par Michael Thonet en 1859, cette cuisine a toujours été considérée comme généreuse, rassurante, authentique, saisonnière et indémodable.

Aujourd'hui encore, on retrouve dans les bistrots tous les plats qui font son succès depuis des décennies, de l'œuf mayonnaise aux harengs pommes à l'huile, de l'île flottante au clafoutis aux fruits de saison en passant par la blanquette de veau, le bœuf bourguignon, le coq au vin, le petit salé aux lentilles, l'aligot ou le pot-au-feu. Des recettes qui rappellent des souvenirs à toutes les générations, qui mettent en valeur le savoir culinaire français, mais aussi et surtout, l'ensemble des territoires, car quelles que soient les origines du bistrotier, ce dernier a toujours à cœur de valoriser toutes les régions. Cependant, les bistrots ne se sont pas contentés de proposer des recettes françaises. Ils ont aussi intégré des plats qui, au fil des décennies, se sont imposés dans l'Hexagone comme l'osso-buco, l'escalope milanaise ou le tiramisu pour l'Italie, la paëlla ou la crème catalane pour l'Espagne, la carbonade flamande ou le waterzooï pour la Belgique.

En dehors de quelques spécialités locales très spécifiques qui sont restées cantonnées dans leurs provinces respectives, la cuisine de bistrot n'a finalement pas de frontières, ni régionales ni internationales. Ainsi, dans un même établissement, les clients pourront commencer leur repas par une salade périgourdine ou une tranche de jambon persillé de Bourgogne, poursuivre par un chou farci auvergnat ou un poulet vallée d'Auge, bifurquer vers un fromage de chèvre de Touraine avant de conclure par une part de far breton ou un gâteau basque. Définitivement indémodable, la cuisine de nos bistrots a encore de belles heures devant elle.

”

64
LE GNAFRO
GNES
TELEPHONE
INTERURBAIN
OUVERT
TOUS LES JOURS
JUSQU'A 1H DU MATIN
VIN BIERE
LIMONADE
Restaurant climatisé

DE LYON
64
Soupe
à
QUENELLE
MATEFAIMS
NOCES ET
BANQUETS
SALLES DE SOCIETES
ET
SALONS AU 1er
ICI ON CONSULTE
LE BOTTIN
Instagram

CRÈME D'AIL DOUCE

Préparation : 30 minutes
Cuisson : 30 minutes
Pour accompagner la volaille, les viandes blanches et l'agneau.

Épluchez 10 gousses d'ail. Déposez-les dans une casserole d'eau froide et portez à ébullition. Égouttez-les. Recommencez l'opération 2 fois. Versez 30 cl de crème liquide dans une casserole. Ajoutez les gousses d'ail, du sel et du poivre. Portez à ébullition, puis laissez cuire 15 minutes à feu moyen jusqu'à épaississement. Mixez cette crème d'ail au mixeur plongeant.

SAUCE BORDELAISE

Préparation : 15 minutes
Cuisson : 25 minutes
Pour accompagner les viandes rouges.

Pelez et hachez 100 g d'échalotes. Faites-les chauffer dans une casserole avec 30 cl de vin rouge et 1 branche de thym frais jusqu'à ce que l'ensemble réduise de moitié. Ajoutez 20 cl de fond de veau, du sel et du poivre. Laissez cuire encore 15 minutes sur feu moyen pour épaissir la sauce. Ajoutez à la fin 20 g de beurre en fouettant.

SAUCE BARBECUE

Préparation : 15 minutes
Cuisson : 10 minutes
Pour accompagner le porc et le boeuf.

Épluchez et hachez 2 échalotes. Déposez-les dans une casserole. Ajoutez 80 g de ketchup, 25 g de sucre roux, 3 cuillerées à soupe de sauce soja (5 cl) et 3 cuillerées à soupe de whisky (5 cl). Mélangez et faites cuire 10 minutes sur feu moyen. Mixez la préparation et laissez refroidir.

SAUCE AU CAMEMBERT

Préparation 15 minutes
Cuisson : 25 minutes
Pour accompagner la volaille et les viandes blanches.

Pelez et coupez 1 pomme en petits morceaux. Faites-les fondre 5 minutes dans une casserole avec 20 g de beurre. Versez 20 cl de cidre et laissez réduire aux deux tiers. Incorporez 25 cl de crème liquide, salez et poivrez. Faites cuire la sauce 10 minutes sur feu moyen. Ajoutez 80 g de camembert et continuez la cuisson 5 minutes. Mixez la sauce au mixeur plongeant pour qu'elle soit bien onctueuse.

SAUCE BÉARNAISE

Préparation : 20 minutes
Cuisson : 20 minutes
Pour accompagner les viandes rouges.

Faites chauffer tout doucement 250 g de beurre au bain-marie jusqu'à ce que le petit-lait remonte à la surface. Ôtez cette écume pour ne garder que le beurre ainsi clarifié. Dans une casserole, faites réduire à sec 60 g d'échalotes hachées avec 1 cuillerée à café de poivre mignonnette, 1 cuillerée à soupe d'estragon haché et 15 cl de vinaigre blanc. Ajoutez 4 jaunes d'œufs et 2 cuillerées à soupe d'eau froide. Fouettez 6 à 8 minutes sur feu doux pour obtenir un sabayon. Ajoutez le beurre clarifié petit à petit en fouettant. Salez et poivrez. Versez la béarnaise dans un grand bol en la filtrant à travers une passoire fine. Incorporez ensuite 1 cuillerée à soupe d'estragon haché.

SAUCE TARTARE

Préparation : 10 minutes
Sans cuisson
Pour accompagner la volaille et les viandes blanches et rouges.

Hachez 1 œuf dur, 20 g de câpres, 4 gros cornichons, 2 oignons nouveaux et 1 petit bouquet de cerfeuil. Mélangez tous les ingrédients dans un bol, puis incorporez 250 g de mayonnaise.

KETCHUP MAISON

Préparation : 20 minutes
Cuisson : 1 h 30 à 2 heures
Pour accompagner toutes les viandes.

Lavez 500 g de tomates, coupez-les en quartiers, épépinez-les et taillez-les en morceaux. Pelez et hachez 1 oignon et 1 gousse d'ail. Dans une casserole, mettez les tomates et le hachis d'oignon et d'ail. Ajoutez 100 g de sucre, 10 cl de vinaigre de vin, 1 pincée de piment, du sel et du poivre. Couvrez et faites mijoter 1 h 30 à 2 heures sur feu doux en remuant de temps en temps. Passez la sauce au chinois et laissez refroidir.

SAUCE VIERGE

Préparation : 10 minutes
Sans cuisson
Pour accompagner les poissons.

Plongez 3 belles tomates dans une casserole d'eau bouillante pendant 30 secondes. Égouttez-les, coupez-les en deux, épépinez-les et taillez-les en tout petits cubes. Pelez et hachez 3 échalotes. Hachez 20 feuilles de basilic. Dans un saladier, mélangez tous les ingrédients. Ajoutez 15 cl d'huile d'olive, du sel et du poivre, et mélangez.

CRÈME DE PARMESAN

Préparation : 5 minutes
Cuisson : 5 minutes
Pour accompagner la volaille et les viandes blanches.

Dans une casserole, faites bouillir 30 cl de crème liquide avec du sel et du poivre pendant 2 minutes. Ajoutez 130 g de parmesan râpé (de très bonne qualité) en fouettant pendant 2 minutes sur feu doux.

SAUCE AU YAOURT ET À L'AIL

Préparation : 10 minutes
Sans cuisson
Pour accompagner la volaille, les viandes blanches et les poissons.

Hachez 2 gousses d'ail et 1 petit bouquet de coriandre. Mélangez-les dans un bol. Ajoutez 2 yaourts, le jus de 1 citron, du sel et du poivre.

CONDIMENT AU PAMPLEMOUSSE ET AU GINGEMBRE

Préparation : 20 minutes
Cuisson : 30 minutes
Pour accompagner la volaille, les viandes blanches et les poissons.

Pelez à vif 2 pomélos. Prélevez les quartiers et déposez-les dans une casserole. Épluchez et râpez 40 g de gingembre frais. Ajoutez-le dans la casserole avec 60 g de sucre. Faites cuire le tout 30 minutes sur feu moyen en remuant de temps en temps. Mixez la préparation au mixeur plongeant et laissez refroidir.

PESTO

Préparation : 10 minutes
Sans cuisson
Pour accompagner les viandes blanches et les poissons.

Effeuillez 1 gros bouquet de basilic. Pelez et hachez 3 gousses d'ail. Déposez le tout dans le bol d'un robot. Ajoutez 50 g de pignons de pin, 3 cuillerées à soupe d'huile d'olive (5 cl) et 2 pincées de fleur de sel. Mixez pendant 2 minutes environ jusqu'à l'obtention d'une pâte. Versez celle-ci dans un bol. Ajoutez encore 5 à 8 cl d'huile d'olive et 40 g de parmesan râpé en fouettant. Conservez le pesto au frais dans un bocal.

CRÈME D'AIL DOUCE
SAUCE BÉARNAISE
SAUCE BARBECUE
SAUCE BORDELAISE
SAUCE AU CAMEMBERT
SAUCE TARTARE

KETCHUP MAISON

CRÈME DE PARMESAN

SAUCE VIERGE

LES SAUCES

CONDIMENT AU PAMPLEMOUSSE ET AU GINGEMBRE

SAUCE AU YAOURT ET À L'AIL

PESTO

SAUCE ORIENTALE

Préparation : 15 minutes
Sans cuisson
Idéal pour accompagner les boulettes et les brochettes d'agneau ou de poulet

Pelez et hachez 1 petit oignon jaune et 2 gousses d'ail. Lavez et hachez 2 brins de coriandre. Dans un bol, mélangez 1 cuillerée à soupe d'harissa avec 1 cuillerée à soupe d'eau tiède. Ajoutez 200 g de mayonnaise maison, l'oignon, l'ail et la coriandre ; mélangez le tout. Réservez la sauce au réfrigérateur.

CONFIT D'ÉCHALOTES

Préparation : 20 minutes
Cuisson : 30 minutes
Idéal pour accompagner les boulettes et les brochettes d'agneau, de poulet, de veau ou de bœuf.

Pelez et émincez finement dans la longueur 500 g d'échalotes. Faites-les fondre dans une sauteuse avec 40 g de beurre 5 minutes à feu doux. Ajoutez 60 g de sucre semoule et mélangez pour bien enrober les échalotes. Versez 40 cl de vin blanc, salez et poivrez. Portez à ébullition puis laissez cuire 25 à 30 minutes sur feu moyen jusqu'à ce que les échalotes soient confites.

SAUCE BLANCHE À LA MENTHE

Préparation : 15 minutes
Sans cuisson
Réfrigération : 1 heure
Idéal pour accompagner les boulettes et brochettes de veau, d'agneau ou de légumes, les keftas et les croquettes de poisson.

Pelez et hachez finement 1 oignon jaune de taille moyenne et 2 gousses d'ail. Lavez et hachez 20 feuilles de menthe fraîche. Dans un bol, mélangez 250 g de fromage blanc avec du sel, du poivre, 2 cuillerées à soupe d'huile d'olive et le jus de 1 citron. Ajoutez l'oignon, l'ail et la menthe. Mélangez le tout. Placez la sauce 1 heure au réfrigérateur avant de servir.

SAUCE AIGRE-DOUCE

Préparation : 15 minutes
Cuisson : 30 minutes
Idéal pour accompagner les brochettes et les boulettes de poisson, de gambas, de cochon ou de poulet.

Pelez et hachez finement 1 oignon jaune de taille moyenne. Déposez-le dans une casserole. Ajoutez 15 cl de vinaigre de vin rouge, 70 g de sucre semoule, 10 cl d'eau, 2 pincées de piment en poudre, et du sel. Portez à ébullition puis laissez cuire 30 minutes sur feu moyen en remuant régulièrement. Éteignez le feu et laissez refroidir la sauce.

SAUCE HOT AU PIMENT

Préparation : 20 minutes
Cuisson : 30 minutes
Idéal pour accompagner les brochettes et boulettes de poisson ou de cochon.

Épépinez et émincez finement 1 piment rouge long. Pelez et émincez finement 3 grosses échalotes. Dans une casserole, déposez le piment, les échalotes, 2 cuillerées à soupe de sucre semoule, 3 cuillerées à soupe de nuoc-mâm, 20 cl de vinaigre de riz, 20 g de gingembre frais râpé, 5 cl d'eau, du sel et du poivre. Mélangez puis faites cuire le tout 30 minutes sur feu moyen. Éteignez le feu et laissez refroidir la sauce.

CHUTNEY D'ANANAS

Préparation : 20 minutes
Cuisson : 1 heure
Idéal pour accompagner les boulettes et brochettes de veau, de poulet ou de cochon.

Pelez et hachez 2 grosses échalotes et 2 gousses d'ail. Épépinez et hachez 1 petit piment doux. Pelez et coupez 250 g d'ananas en petits cubes. Dans une casserole, déposez les cubes d'ananas, les échalotes, l'ail et le piment. Ajoutez 75 g de sucre semoule, 15 cl de vinaigre de vin, 10 cl d'eau, du sel et du poivre. Mélangez et faites compoter le tout 1 heure sur feu doux. Laissez refroidir. Conservez le chutney dans un pot au réfrigérateur.

ORIENTALE
SAUCE AIGRE-DOUCE
CONFIT D'ÉCHALOTES

SAUCE BLANCHE
À LA MENTHE
SAUCE HOT
AU PIMENT
CHUTNEY D'ANANAS

SAUCE VILLETTE

Préparation : 5 minutes
Cuisson : 20 minutes
À déguster avec des viandes froides ou grillées.

Pelez et hachez 1 gros oignon jaune. Déposez-le dans une casserole avec 15 cl de vinaigre blanc. Faites réduire presque à sec sur feu moyen. Ajoutez 30 cl de crème fraîche liquide ; salez et poivrez. Faites réduire le tout de moitié sur feu moyen pour obtenir une sauce bien épaisse, en fouettant de temps en temps.

SAUCE AU POIVRE VERT

Préparation : 15 minutes
Cuisson : 20 minutes
À déguster avec des viandes froides ou grillées.

Dans une casserole, faites griller à sec 2 cuillerées à soupe de grains de poivre vert. Versez 3 cuillerées à soupe de cognac, flambez et laissez réduire sur feu moyen. Ajoutez 3 cuillerées à soupe de porto et faites encore légèrement réduire. Ajoutez ensuite 20 cl de fond de veau, salez, et laissez réduire 10 minutes sur feu moyen. Incorporez 2 grosses cuillerées à soupe de crème fraîche épaisse. Faites cuire le tout 5 minutes sur feu vif en fouettant pour obtenir une sauce légèrement épaisse. Mixez la sauce au mixeur plongeant.

SAUCE MARCHAND DE VIN

Préparation : 10 minutes
Cuisson : 25 minutes
À déguster avec des viandes froides ou grillées.

Pelez et hachez 150 g d'échalotes. Déposez-les dans une casserole avec 40 cl de vin rouge et 1 branche de thym frais. Faites réduire de deux tiers sur feu moyen. Ajoutez 20 cl de fond de veau corsé ; salez et poivrez. Laissez réduire le tout 15 minutes sur feu moyen pour obtenir une sauce onctueuse. Incorporez 20 g de beurre en fin de cuisson en fouettant.

SAUCE AUX ÉCHALOTES

Préparation : 5 minutes
Cuisson : 45 à 50 minutes
À déguster avec des viandes froides ou grillées.

Pelez et émincez 400 g d'échalotes. Faites-les fondre dans une casserole avec 80 g de beurre, du sel et du poivre pendant 30 minutes sur feu doux, en mélangeant régulièrement. Ajoutez 25 cl de fond de veau corsé et laissez mijoter 15 à 20 minutes.

ASTUCE

La sauce aux échalotes se conserve 2 jours au réfrigérateur. Vous pouvez remplacer 10 cl de fond de veau par du vin rouge.

SAUCE AU POIVRE VERT
SAUCE MARCHAND DE VIN
SAUCE VILLETTE
SAUCE AUX ÉCHALOTES

CONDIMENT DE TOMATE AU CURCUMA

Préparation : 30 minutes
Cuisson : 45 minutes à 1 heure

Lavez 4 grosses tomates bien mûres et coupez-les en deux ; retirez la pulpe et hachez grossièrement la chair. Pelez et hachez finement 2 échalotes. Épluchez et râpez 20 g de gingembre frais. Dans une casserole, déposez les tomates, le gingembre, les échalotes, 10 cl de vinaigre de vin et 80 g de sucre semoule. Ajoutez 10 cl d'eau, du sel et du poivre. Faites cuire 45 minutes à 1 heure sur feu doux. Laissez refroidir. Transvasez le condiment dans un bocal et conservez-le au réfrigérateur.

CONDIMENT MENTHE-COCO AU MIEL

Préparation : 20 minutes
Sans cuisson
Délicieux avec un curry de poisson ou de poulet.

Nettoyez et épépinez 2 petits piments ; hachez-les. Lavez et effeuillez 1 bouquet de menthe. Déposez les piments, la menthe, 200 g de yaourt grec, 2 cuillerées à soupe de miel liquide et 2 cuillerées à soupe de noix de coco râpée dans la cuve d'un mini-robot, et ajoutez 1 pincée de sel. Mixez 3 minutes. Conservez le condiment dans un bocal au réfrigérateur.

CHUTNEY DE MANGUE AUX GRAINES DE MOUTARDE

Préparation : 20 minutes
Cuisson : 1 heure
Parfait pour accompagner un curry de viande.

Pelez et hachez 3 échalotes et 2 gousses d'ail. Nettoyez et hachez 2 petits piments rouges doux. Ôtez les premières feuilles d'une tige de citronnelle puis émincez le coeur tendre de la tige. Épluchez et coupez 1 mangue en petits cubes, déposez-les dans une casserole. Ajoutez les échalotes, l'ail, la citronnelle, le piment puis 2 cuillerées à soupe de noix de coco râpée, 15 cl de vinaigre de vin rouge et 80 g de cassonade. Versez 15 cl d'eau et faites cuire le tout 1 heure sur feu doux jusqu'à l'obtention d'un chutney. Laissez-le refroidir puis conservez-le dans un bocal au réfrigérateur.

CONDIMENT DE TOMATE
AU CURCUMA
CONDIMENT MENTHE-COCO
AU MIEL
CHUTNEY DE MANGUE
AUX GRAINES DE MOUTARDE

BIERE HYGIENIQUE
BOCK 15c
CHAMPAGN
ET LIQUEUR
DE MARQU

LES ENTRÉES

LE VRAI ŒUF MAYO

Préparation : 10 minutes
Cuisson : 9 minutes

INGRÉDIENTS

Pour 4 personnes

- 6 œufs à température ambiante
- 1 jaune d'œuf
- 1 petit cœur de frisée
- 1 cuillerée à soupe de moutarde
- 5 cl de vinaigre de cidre
- 12 cl d'huile de tournesol
- 5 cl d'huile d'olive
- Sel, poivre du moulin

Lavez et essorez la frisée.

Faites bouillir de l'eau salée dans une grande casserole. Plongez-y délicatement les œufs, faites-les cuire 9 minutes. Égouttez-les, et plongez-les aussitôt dans un récipient d'eau glacée pour stopper la cuisson.

Dans un bol, mélangez le jaune d'œuf et la moutarde. Versez lentement l'huile de tournesol en fouettant pour obtenir une mayonnaise légèrement épaisse. Ajoutez 1 cuillerée à café de vinaigre, salez, poivrez.

Écalez délicatement les œufs, coupez-les en deux, le jaune doit être luisant et surtout pas sec.

Mélangez le reste de vinaigre dans un saladier avec du sel, du poivre et l'huile d'olive. Ajoutez la frisée, mélangez, répartissez la salade dans les assiettes.

Déposez les 1/2 œuf dur sur la salade, nappez-les de mayonnaise, et dégustez aussitôt avec un bon pain frais.

ASTUCE

Les œufs durs sont délicieux quand ils sont dégustés à température ambiante. Évitez de les préparer la veille, s'ils évitent le passage au réfrigérateur avant d'être dégustés, ils ne seront que meilleurs.
Servez avec un mâcon-villages blanc.

POIREAUX GRILLÉS
VINAIGRETTE MOUTARDÉE AUX HERBES

Préparation : 20 minutes
Cuisson : 25 minutes

INGRÉDIENTS
Pour 4 personnes

- 8 petits blancs de poireaux
- 1 filet d'anchois à l'huile
- 4 œufs
- 1 grosse cuillerée à soupe de moutarde
- 5 cl de vinaigre de cidre
- 5 cl d'huile de tournesol + 2 cuillerées à soupe pour la cuisson
- 3 cl d'huile d'olive
- Sel, poivre du moulin

Faites cuire les œufs 9 minutes dans une casserole d'eau bouillante salée. Égouttez-les et rafraîchissez-les sous l'eau froide.

Lavez les blancs de poireaux, plongez-les 5 minutes dans une casserole d'eau bouillante salée. Égouttez-les, rafraîchissez-les sous l'eau froide, puis coupez-les délicatement en deux dans la longueur.

Huilez un gril en fonte ou une grande poêle, faites griller les poireaux 8 à 10 minutes sur feu moyen. Vérifiez la cuisson en enfonçant la lame d'un couteau, elle doit rentrer sans forcer.

Versez le vinaigre dans un bol avec le filet d'anchois, la moutarde, l'huile de tournesol, l'huile d'olive, 5 cl d'eau froide, du sel et du poivre. Mixez quelques secondes avec un mixeur plongeant.

Écalez les œufs, hachez-les avec un couteau.

Répartissez les poireaux grillés (chauds ou froids selon votre envie) dans des assiettes, nappez-les de vinaigrette, parsemez d'œufs hachés et dégustez.

ASTUCE
Servez avec
un beaujolais blanc.

HISTOIRE DE PLAT N°1

L'ŒUF MAYONNAISE

On ne plaisante pas avec cet emblème des bistrots français que certains aficionados surnomment le pilier de comptoir.

« À tel point qu'il a été créé en 2010 la très sérieuse Association pour la Sauvegarde de l'Œuf Mayonnaise (ASOM) par le regretté journaliste Claude Lebey qui avait constaté que l'œuf mayo disparaissait petit à petit des cartes des bistrots, car jugé trop ringard par les clients comme par les chefs. Et quand il était proposé, les amateurs se navraient de constater que bien souvent la mayonnaise était trop épaisse et les œufs trop petits.

Mise en sourdine pendant quelques années, l'ASOM a repris du service en 2018 et organise, chaque année, son championnat du monde qui récompense à Paris, et depuis peu en province, un établissement dont la préparation répond à la charte de l'œuf mayonnaise ; à savoir un œuf de gros calibre cuit à cœur de façon que le jaune conserve du coulant, et une mayonnaise qui se doit d'être souple, nappante, et servie de façon à recouvrir tout ou partie de l'œuf.

Une belle revanche pour un mets ordinaire qui fut longtemps rangé dans la catégorie des garnitures alors qu'aujourd'hui, on lui adjoint des compagnons de route de plus en plus sophistiqués pour sortir du traditionnel quart de tomate ou la feuille de laitue. »

TERRINE DE CAMPAGNE AU FOIE

Préparation : 40 minutes
Marinade : 4 heures
Cuisson : 2 h 35
Réfrigération : 12 heures
Repos : 72 heures

INGRÉDIENTS

Pour une terrine de 600-700 g

- 500 g de gorge de porc hachée gros
- 100 g de foie de porc haché fin
- 100 g de foie de volaille coupé en morceaux
- 1 grand morceau de crépine
- 1 œuf
- 1 petit oignon jaune
- 2 échalotes
- 1 gousse d'ail
- 3 brins de persil
- 2 pincées de noix de muscade
- 5 cl de vin blanc
- 5 cl de cognac
- 10 cl de gelée en poudre
- 5 cl de lait
- 20 g de beurre
- 1 cuillerée à café rase de sucre
- 10 g de sel
- 10 g de poivre noir moulu

ASTUCE

Servez avec un beaujolais rouge.

La veille, dans un grand récipient, déposez la gorge de porc hachée et ajoutez le cognac, le vin blanc et la muscade. Couvrez avec un film alimentaire, laissez mariner 4 heures au réfrigérateur.

Faites tremper la crépine 10 minutes dans un grand bol d'eau froide avec un trait de vinaigre blanc. Rincez-la plusieurs fois sous l'eau froide.

Épluchez et hachez finement l'oignon, les échalotes et la gousse d'ail. Faites-les fondre 5 minutes sur feu moyen dans une poêle avec le beurre. Ajoutez le lait, faites réduire le tout sur feu moyen, il ne doit rester que très peu de liquide. Lavez et hachez le persil.

Préchauffez le four à 220 °C (th. 7-8).

Sortez la gorge marinée. Ajoutez la réduction au lait dans le récipient avec les foies de porc et de volaille hachés, le poivre, le sucre, le sel, l'œuf et le persil. Mélangez à la main pendant 5 minutes pour obtenir une farce parfaitement homogène.

Chemisez une terrine de 15 x 10 cm environ avec un grand morceau de crépine en la faisant largement dépasser sur les bords. Répartissez la farce dans la terrine, rabattez la crépine dessus.

Placez la terrine dans un plat allant au four, versez de l'eau dans ce plat jusqu'à mi-hauteur. Enfournez la terrine, faites cuire 15 minutes. Baissez le four à 120 °C (th.4), laissez cuire la terrine 2 h 15. Sortez la terrine, laissez-la complètement refroidir, puis placez-la au réfrigérateur une nuit.

Le jour même, coulez la gelée sur la terrine.

Pour profiter au mieux de votre terrine à l'ancienne, laissez-la reposer 3 jours au réfrigérateur avant de la déguster avec un bon pain de campagne.

MOUSSE DE FOIE DE VOLAILLE
COMME UN FOIE GRAS

Préparation : 30 minutes
Réfrigération : 6 heures
Cuisson : 10 minutes

INGRÉDIENTS

Pour 4 personnes

- 150 g de foies de volaille
- 3 échalotes
- 15 cl de vin blanc
- 120 g de beurre
- 10 cl de gelée déshydratée

Retirez les nerfs des foies de volaille, coupez-les en morceaux.

Épluchez et émincez finement les échalotes. Faites-les fondre 5 minutes dans une casserole sur feu moyen avec 20 g de beurre. Une fois les échalotes fondues, ajoutez les foies de volaille, laissez dorer 2 minutes, salez, poivrez, ajoutez le vin blanc, faites cuire 10 minutes sur feu doux ; il doit rester environ 5 cl de liquide.

Laissez tiédir les foies, versez-les avec le liquide de cuisson et le reste de beurre dans le bol d'un robot hachoir. Hachez 3 à 4 minutes pour obtenir une crème lisse.

Vérifiez l'assaisonnement, répartissez la préparation dans une petite terrine ou des ramequins individuels. Versez la gelée dessus. Placez les mousses 6 heures au réfrigérateur.

Servez avec un bon pain de campagne, ou un pain aux noix, et un mesclun.

ASTUCE

Servez avec un châteauneuf-du-pape rouge.

VIN DE FRAN

HARENGS MARINÉS À L'HUILE
POMMES DE TERRE PERSILLÉES

Préparation : 20 minutes
Cuisson : 25 minutes
Marinade : 24 heures

INGRÉDIENTS
Pour 4 personnes

- 8 filets de harengs fumés
- 400 g de petites pommes de terre
- 1 petite carotte
- 1 oignon jaune
- 2 feuilles de laurier
- 4 baies de genièvre
- 1 bouquet de persil
- Quelques grains de poivre
- 3 cuillerées à soupe de vinaigre de cidre
- 12 cl d'huile de tournesol
- Sel, poivre du moulin

La veille, épluchez, lavez et coupez la carotte en petites rondelles, épluchez et coupez l'oignon en rondelles. Plongez les rondelles de carotte 1 minute dans une casserole d'eau bouillante salée, égouttez-les et rafraîchissez-les dans l'eau froide.

Déposez les filets de harengs dans un petit plat creux avec les rondelles de carotte et d'oignon, les feuilles de laurier, quelques grains de poivre écrasés et les baies de genièvre écrasées. Versez 8 cl d'huile dessus pour bien tout recouvrir, placez le plat au moins 24 heures au réfrigérateur.

Le jour même, épluchez et lavez les pommes de terre, faites-les cuire 20 minutes dans de l'eau bouillante salée départ eau froide.

Épluchez et hachez le persil. Dans un saladier, mélangez le vinaigre avec du sel et du poivre, ajoutez le reste d'huile, remuez, puis ajoutez les pommes de terre cuites coupées en grosses rondelles, et le persil. Mélangez encore.

Sortez les filets de harengs de la marinade, servez avec les pommes de terre persillées tièdes.

ASTUCE
Servez avec un touraine blanc.

LES
VIN

RÉMOULADE DE CÉLERI
POMME VERTE, RAISINS ET MAYO AU CURRY

Préparation : 20 minutes
Réfrigération : 30 minutes

INGRÉDIENTS
Pour 4 personnes

- 300 g de céleri-rave
- 2 pommes Granny Smith
- 80 g de raisins secs blonds moelleux
- 1 jaune d'œuf
- 1 grosse cuillerée à soupe de moutarde forte
- 1 cuillerée à café bombée de poudre de curry
- 1/2 citron
- 10 cl d'huile de tournesol
- Sel, poivre du moulin

Faites tremper les raisins secs dans un bol d'eau tiède pendant 10 minutes.

Dans un saladier, mélangez le jaune d'œuf avec la moutarde. Versez l'huile en filet en fouettant pour obtenir une mayonnaise. Ajoutez le curry et le jus du 1/2 citron, salez, poivrez généreusement, mélangez en ajoutant 5 cl d'eau froide pour obtenir une mayonnaise au curry légèrement liquide.

Lavez les pommes, râpez-les finement, déposez-les dans le saladier. Épluchez, lavez et râpez finement le céleri-rave, versez-le avec les pommes. Égouttez les raisins secs, ajoutez-les dans le saladier, mélangez le tout.

Placez la rémoulade de céleri 30 minutes au réfrigérateur avant de la déguster.

Vous pouvez ajouter des noix ou des crevettes décortiquées dans la rémoulade.

ASTUCE
Servez avec un fitou rouge.

FILETS DE HARENGS
AUX POIREAUX GRILLÉS ET POMMES DE TERRE

Préparation : 30 minutes
Cuisson : 40 minutes

INGRÉDIENTS

Pour 4 personnes

- 8 filets de harengs fumés
- 4 petits blancs de poireaux
- 400 g de pommes de terre à chair ferme type Charlotte
- 1 petit bouquet de persil
- 1 cuillerée à soupe de moutarde forte
- 1 cuillerée à soupe de graines de moutarde
- 2 pincées de curry
- 5 cl de vinaigre de vin
- 10 cl d'huile d'olive
- Sel, poivre du moulin

Nettoyez les poireaux. Dans une casserole d'eau bouillante salée, faites-les cuire 5 minutes entiers. Égouttez-les et rafraîchissez-les sous l'eau froide.

Épluchez et lavez les pommes de terre, faites-les cuire 18 minutes dans une casserole d'eau bouillante salée départ eau froide. Éteignez le feu, laissez les pommes de terre finir de cuire dans l'eau.

Faites griller les blancs de poireaux entiers 10 à 15 minutes sur feu doux sur un gril ou dans une poêle avec 2 cuillerées à soupe d'huile d'olive, salez, poivrez.

Lavez et hachez le persil. Versez le vinaigre de vin dans un bol haut avec le curry, du sel et du poivre. Ajoutez la moutarde, le reste d'huile et 8 cl d'eau. Mixez avec un mixeur plongeant, ajoutez les graines de moutarde.

Coupez les pommes de terre tièdes en rondelles, et les poireaux en tronçons. Faites tiédir la vinaigrette dans une casserole.

Répartissez les rondelles de pommes de terre, les tronçons de poireaux et les harengs coupés en morceaux dans les assiettes, nappez de vinaigrette tiède, parsemez généreusement de persil et servez.

ASTUCE

Servez avec un touraine blanc.

AVOCAT AU CRABE
AU WASABI

Préparation : 20 minutes
Cuisson : 10 minutes

INGRÉDIENTS
Pour 4 personnes

- 2 gros avocats
- 120 g de chair de crabe
- 2 gros œufs
- 1 jaune d'œuf
- 1 cuillerée à café bombée de wasabi
- 1/2 botte de ciboulette
- 1 grosse cuillerée à soupe de moutarde forte
- 10 cl d'huile de tournesol
- 1/2 citron
- Sel, poivre du moulin

Plongez les œufs dans une grande casserole d'eau bouillante salée. Faites-les cuire 10 minutes, rafraîchissez-les sous l'eau froide, laissez-les complètement refroidir puis écalez-les.

Mélangez le jaune d'œuf dans un bol avec la moutarde. Versez l'huile en filet en fouettant pour obtenir une mayonnaise. Ajoutez le wasabi et le jus du 1/2 citron dans la mayonnaise, salez, poivrez généreusement, mélangez.

Coupez les avocats en deux, détachez-les délicatement, retirez leur noyau. Videz-les avec une cuillère, coupez la chair en petits cubes. Hachez les œufs durs avec un couteau.

Dans un saladier, déposez la chair des avocats avec les 2/3 des œufs durs, la chair de crabe et la mayonnaise au wasabi. Ajoutez la ciboulette préalablement ciselée, mélangez.

Garnissez les avocats avec la préparation, parsemez la surface avec le reste des œufs durs hachés, et servez.

ASTUCE
Servez avec un anjou blanc.

CAFÉ

RILLETTES DE SAUMON
À LA CIBOULETTE

Préparation : 20 minutes
Cuisson : 7 minutes
Réfrigération : 2 heures

INGRÉDIENTS

Pour 4 personnes

- 400 g de filet de saumon
- 2 échalotes
- 1 botte de ciboulette
- 2 cuillerées à soupe de mayonnaise
- 2 cuillerées à soupe de vinaigre de noix ou de cidre
- 1 cuillerée à soupe de sauce soja salée
- 20 g de beurre demi-sel
- Sel, poivre du moulin

Préchauffez le gril du four.

Coupez le saumon en petits morceaux en prenant soin de retirer les arêtes et les parties grises. Déposez les morceaux sur une plaque de four recouverte d'une feuille de papier sulfurisé, salez légèrement et poivrez généreusement.

Placez la plaque sous le gril, faites cuire le saumon 5 à 7 minutes. Sortez la plaque du four, laissez refroidir le saumon.

Épluchez et hachez les échalotes, ciselez la ciboulette. Mélangez le beurre très mou avec les échalotes dans un grand bol. Ajoutez la mayonnaise, la ciboulette, le vinaigre et la sauce soja, mélangez.

Émiettez le saumon dans le bol, mélangez avec une spatule pour obtenir les rillettes. Placez le bol au moins 2 heures au réfrigérateur.

Servez avec des croûtons de pain dorés nature ou aux noix.

ASTUCE

Servez avec un pouilly fumé blanc.

GRATINÉE À L'OIGNON
AU BEAUFORT

Préparation : 20 minutes
Cuisson : 1 heure

INGRÉDIENTS
Pour 4 personnes

- 4 oignons jaunes
- 200 g de beaufort
- 2 branches de thym frais
- 1/2 baguette de pain
- 1,2 l de bouillon de bœuf
- 20 cl de vin rouge
- 1 cuillerée à soupe rase de farine
- 30 g de beurre
- Sel, poivre du moulin

Épluchez et émincez les oignons. Faites-les rissoler 10 à 15 minutes dans une cocotte avec le beurre sur feu moyen. Une fois les oignons dorés et fondus, saupoudrez-les de farine. Laissez cuire 2 minutes en remuant sans cesse, puis versez le vin rouge. Portez à ébullition.

Versez le bouillon dans la cocotte, ajoutez le thym, salez, poivrez. Faites cuire 30 minutes sur feu moyen.

Coupez le pain en tranches de 1 cm d'épaisseur environ. Râpez le beaufort.

Préchauffez le gril du four.

Répartissez le contenu de la cocotte dans des bols résistants au four. Déposez les tranches de pain sur la surface, laissez-les s'imbiber de liquide pendant 3 à 4 minutes avant de parsemer le tout de beaufort râpé.

Enfournez les bols sous le gril, laissez gratiner 8 à 10 minutes. Sortez-les du four, servez aussitôt.

ASTUCE
Servez avec
un beaujolais rouge.

CHAMPIGNONS À LA GRECQUE

MESCLUN ET PAIN TOASTÉ

Préparation : 15 minutes
Cuisson : 15 minutes
Réfrigération : 12 heures

INGRÉDIENTS

Pour 4 personnes

- 500 g de champignons de Paris
- 1 oignon jaune
- 1 cuillerée à soupe de concentré de tomate
- 2 feuilles de laurier
- 1 branche de thym
- 1 cuillerée à soupe bombée de graines de coriandre
- 25 cl de vin blanc
- 1 jus de citron
- 5 cl d'huile d'olive
- Sel, poivre du moulin

Épluchez et hachez l'oignon. Lavez et coupez les champignons en quartiers.

Faites fondre l'oignon 5 minutes sur feu moyen dans une sauteuse avec l'huile d'olive. Ajoutez le concentré de tomate, laissez roussir 30 secondes puis versez le vin blanc et le jus de citron, mélangez.

Ajoutez les champignons, les feuilles de laurier, le thym, et les graines de coriandre dans la sauteuse, salez, poivrez, couvrez avec une feuille de papier sulfurisé, faites cuire 10 minutes sur feu moyen. Versez le contenu de la sauteuse dans un plat de service creux.

Laissez refroidir, couvrez le plat avec un film alimentaire, et placez-le 12 heures au réfrigérateur.

Servez les champignons bien frais avec un mesclun et des tranches de pain de campagne toastées.

ASTUCE

Servez avec vin rosé de Provence.

SALADE DE POMMES DE TERRE AUX SPRATS

OIGNONS ET VINAIGRETTE PERSILLÉE

Préparation : 30 minutes
Cuisson : 30 minutes

INGRÉDIENTS

Pour 4 personnes

- 400 g de petites pommes de terre
- 12 sprats
- 2 œufs
- 2 oignons rouges
- 1 bouquet de persil
- 1 grosse cuillerée à soupe de moutarde forte ou de moutarde à l'ancienne
- 8 cl de vinaigre de cidre
- 12 cl d'huile d'olive
- Sel, poivre du moulin

Lavez les pommes de terre, et faites-les cuire avec leur peau 20 minutes dans une casserole d'eau bouillante salée départ eau froide. Égouttez-les et rafraîchissez-les sous l'eau froide.

Faites cuire les œufs 10 minutes dans l'eau bouillante salée, égouttez-les, et rafraîchissez-les sous l'eau froide.

Épluchez et émincez les oignons. Lavez et hachez le persil. Prélevez les filets de sprats, émiettez-les.

Dans un saladier, mélangez le vinaigre avec du sel, du poivre, et la moutarde. Incorporez l'huile et le persil.

Coupez les pommes de terre en rondelles, déposez-les dans le saladier avec les oignons, les œufs coupés en quartiers, et les filets de sprats, remuez légèrement et servez.

ASTUCE

Servez avec un corbières blanc.

HISTOIRE DE PLAT N° 2

LE PÂTÉ-CROÛTE

Pâté en croûte ou pâté-croûte ? Deux camps s'opposent sur la dénomination, mais qu'on se le dise une bonne fois pour toutes, le « en » n'est pas nécessaire puisqu'un pâté est forcément cuit dans une pâte, au même titre que la terrine est cuite dans une terrine.

“ À l’origine, autour du XIVe siècle, la croûte servait simplement à protéger la farce d’un feu trop puissant. Son façonnage et sa cuisson étaient du ressort des pâtissiers devenus pâtissiers quand les cuisiniers s’occupaient de la farce. Il y avait d’ailleurs deux types de pâtes : Les comestibles quand les pâtés étaient composés de farce ou de hachis, et les non comestibles quand il s’agissait de cuire en croûte une viande seule.

Sans origine géographique connue, le pâté-croûte a traversé l’histoire en étant régulièrement mentionné dans des ouvrages comme *Le grand dictionnaire françois-flamand* de François Halma en 1729 ou dans *l’Almanach des gourmands* de Grimod de La Reynière en 1810, et apparaît même sur le tableau de Claude Monet *Le Déjeuner sur l'herbe* en 1865.

Au fil du temps, il fut jugé trop lourd, trop riche, désuet, sauf pour l’industrie agroalimentaire qui s’en empare pour le vendre sous vide et dans des formats souvent saugrenus. Fort heureusement, en 2009, la création du Championnat du monde de pâté-croûte, réservé aux professionnels, va lui redonner ses lettres de noblesse. Depuis, il est de retour au premier plan dans les bistrots, chez les chefs étoilés et dans les vitrines des charcutiers, et tous redoublent de créativité pour élaborer des pâtés-croûte de plus en plus sophistiqués. ”

CAMEMBERT RÔTI
AU MIEL ET AUX NOIX

Préparation : 10 minutes
Cuisson : 15 minutes

INGRÉDIENTS
Pour 4 personnes

- 1 camembert au lait cru
- 20 g de cerneaux de noix
- 1 cuillerée à soupe de miel liquide
- 5 cl de cidre
- 1 cuillerée à café de calvados
- Poivre du moulin

Préchauffez le four à 180 °C (th. 6).

Hachez les cerneaux de noix avec un couteau.

Versez le cidre et le calvados dans une petite casserole, ajoutez le miel, faites chauffer le tout 1 minute sur feu moyen.

Retirez le papier du camembert, puis remettez le camembert dans sa boîte en bois. Déposez-la sur une plaque de four. Faites un petit trou au centre du camembert avec une cuillère.

Versez le mélange au cidre sur le camembert, parsemez la surface de noix hachées, poivrez généreusement. Enfournez le camembert, faites-le cuire 15 minutes.

Servez aussitôt le camembert avec une salade verte et de grandes tranches de pain grillées.

ASTUCE
Servez avec du cidre.

BRUT

VELOUTÉ DE CÉLERI
AUX CHÂTAIGNES

Préparation : 30 minutes
Cuisson : 40 minutes

INGRÉDIENTS
Pour 6 personnes

- 500 g de céleri-rave épluché
- 1 petite branche de céleri
- 250 g de marrons en conserve
- 1 échalote
- 1 cube de bouillon
- 25 cl de crème liquide
- 50 g de beurre
- Sel, poivre du moulin

Coupez le céleri-rave en gros cubes. Effilez la branche de céleri et émincez-la finement. Égouttez les marrons.

Épluchez et hachez l'échalote. Dans une grande casserole, faites-la fondre dans 25 g de beurre 3 minutes à feu moyen. Ajoutez la branche de céleri émincée et laissez cuire 2 minutes.

Ajoutez les morceaux de céleri-rave, le cube de bouillon émietté, du sel et du poivre. Couvrez largement d'eau froide, puis portez à ébullition. Laissez cuire 20 minutes à feu moyen sans couvrir. Ajoutez la moitié des marrons et laissez cuire encore 10 minutes.

Retirez la moitié du bouillon de cuisson de la casserole et conservez-le. Versez la crème liquide dans la casserole et laissez bouillir 5 minutes. Mixez le tout pour obtenir un velouté en ajoutant du bouillon de cuisson au fur et à mesure jusqu'à l'obtention de la consistance voulue. Gardez le velouté au chaud dans un bain-marie.

Émiettez le reste des marrons. Dans une poêle, faites-les sauter 2 minutes à feu vif dans le reste de beurre. Poivrez et mélangez.

Versez le velouté dans 6 bols, répartissez les miettes de marrons dessus et servez aussitôt accompagné de croûtons de pain gratinés au gruyère.

ASTUCE
Servez avec un bourgogne aligoté blanc.

FOIES DE VOLAILLE SAUTÉS
AUX ÉCHALOTES CONFITES

Préparation : 20 minutes
Cuisson : 40 minutes

INGRÉDIENTS

Pour 4 personnes

- 450 g de foies de volaille
- 6 grosses échalotes
- 4 brins de persil
- 20 cl de vin rouge
- 30 cl de fond de volaille
- 60 g de beurre
- 2 cuillerées à soupe d'huile de tournesol
- 1 cuillerée à café de sucre
- Sel, poivre du moulin

Retirez les nerfs des foies de volaille, coupez-les en deux ou trois selon la taille. Épluchez et émincez les échalotes.

Faites fondre la moitié du beurre dans une sauteuse. Ajoutez les échalotes, salez, poivrez, faites-les cuire 15 minutes sur feu moyen en les remuant régulièrement.

Ajoutez le vin rouge et le sucre, laissez réduire 5 minutes, puis ajoutez le fond de volaille. Faites cuire 10 minutes sur feu moyen.

Lavez et hachez le persil. Faites chauffer le reste du beurre et l'huile dans une poêle.

Saisissez les foies de volaille dans la poêle 1 à 2 minutes sur feu vif.

Déposez les foies de volaille dans la sauteuse avec les échalotes, laissez cuire 4 à 5 minutes sur feu doux, parsemez de persil et servez.

ASTUCE
Servez avec un corbières rouge.

PÂTÉ-CROÛTE DE CANARD
AU FOIE GRAS

Préparation : 30 minutes la veille,
45 minutes le jour même
Marinade : 24 heures
Cuisson : 1 h 10
Repos : 28 heures

INGRÉDIENTS

Pour 4 à 6 personnes

Pour la pâte :
- 1 petit œuf + 1 jaune pour la dorure
- 280 g de farine
- 130 g de fécule de pomme de terre
- 240 g de beurre + 20 g pour la terrine
- 7 cl de vinaigre blanc
- 70 cl d'eau
- 10 g de sucre
- 8 g de sel

Pour la farce :
- 1 beau magret de canard de 400 g environ
- 150 g de foie gras de canard dénervé
- 1 cuisse de canard
- 240 g de poitrine de porc
- 160 g de filet de porc
- 1 échalote
- 4 figues séchées moelleuses
- 40 g de pistaches vertes décortiquées
- 8 cl de vin blanc moelleux
- 5 cl de cognac
- 8 cl de fond de volaille
- 20 cl de gelée (en poudre déshydratée) pour la finition
- Sel, poivre du moulin

La veille, préparez la pâte : versez le vinaigre dans la cuve d'un batteur équipé de la feuille avec l'eau, l'œuf, le sel et le poivre, mélangez 2 minutes à petite vitesse. Ajoutez le beurre pommade, mélangez 2 minutes, puis ajoutez la farine et la fécule de pomme de terre. Mélangez pour obtenir une pâte homogène. Formez un carré de pâte, enveloppez-la de film alimentaire, placez-la au réfrigérateur.

Assaisonnez le foie gras avec 4 pincées de sel et de poivre, ajoutez 2 cl de cognac, couvrez-le de film alimentaire, placez-le au réfrigérateur.

Retirez la graisse du magret de canard, coupez la chair en lanières. Retirez la peau de la cuisse, désossez-la, et coupez-la en morceaux. Dans un plat, déposez la poitrine et le filet de porc coupés en morceaux, les morceaux de cuisse et le magret, arrosez-les avec le reste de cognac et le vin blanc, mélangez avec vos mains. Couvrez avec un film alimentaire, placez le plat au réfrigérateur.

Le jour même, sortez les viandes, réservez 4 lanières de magret, hachez toutes les autres viandes au hachoir. Ajoutez l'échalote hachée, le fond de veau, 1 cuillerée à café rase de sel et de poivre, mélangez pendant 5 minutes pour obtenir une farce homogène. Déposez le foie gras sur les figues moelleuses préalablement aplaties, roulez-les délicatement en appuyant bien dessus.

Étalez la pâte sur 4 à 5 mm d'épaisseur. Taillez un grand rectangle de pâte pour le dessus, réservez-le. Chemisez la terrine avec le reste de la pâte en soudant bien les coins. Étalez 1/3 de la farce dans le fond de la terrine, déposez 2 lanières de magret, couvrez avec un peu de farce, déposez le foie gras et les figues, entourez-le et couvrez-le de farce, déposez les 2 autres lanières de magret, puis le reste de farce mélangée avec les pistaches.

Étalez un peu de jaune d'œuf sur les bords, déposez le rectangle de pâte, soudez les bords, badigeonnez-le de jaune d'œuf. Chiquetez les bords avec la pointe d'un couteau.

Faites 2 trous de 1 cm dans la pâte, insérez dedans un petit morceau d'aluminium pour former une cheminée. Enfournez le pâté, faites-le cuire 30 minutes. Baissez la température à 160 °C (th. 5-6), prolongez la cuisson 40 minutes. Sortez le pâté, laissez-le refroidir, retirez les morceaux d'aluminium, puis placez-le une nuit au réfrigérateur.

Le lendemain, versez la geléeans les trous par petite quantité, remettez le pâté au moins 4 heures au réfrigérateur.

Démoulez délicatement le pâté, et servez-le en tranches avec du chutney, des cornichons ou des pickles, et une salade verte.

Le pâté-croûte est meilleur quand on a la patience d'attendre 1 ou 2 jours avant de le déguster.

ASTUCE

Servez avec un condrieu blanc.

FRISÉE AUX LARDONS
ŒUFS POCHÉS ET CROÛTONS

Préparation : 20 minutes
Cuisson : 15 minutes

INGRÉDIENTS
Pour 4 personnes

- 1 petit cœur de frisée
- 4 gros œufs extrafrais
- 2 tranches de lard fumé de 5 à 6 mm d'épaisseur sans couenne
- 8 cl de vinaigre blanc
- 5 cl de vinaigre balsamique
- 5 cl de vinaigre de vin
- 8 cl d'huile d'olive
- 2 tranches de pain de campagne
- Sel, poivre du moulin

Dans une grande casserole, faites bouillir de l'eau avec le vinaigre blanc, sans sel. Baissez le feu pour que l'eau frémisse. Cassez un œuf dans un ramequin. À l'aide d'un fouet, formez un tourbillon dans l'eau, versez délicatement l'œuf au centre du tourbillon, laissez cuire 2 minutes 30 secondes, puis égouttez-le sur une feuille de papier absorbant. Recommencez l'opération avec les 3 autres œufs.

Coupez le pain en croûtons, faites-les dorer 2 à 3 minutes dans une poêle chaude avec 3 cl d'huile d'olive, déposez-les sur une feuille de papier absorbant.

Coupez les tranches de lard en lardons, faites-les dorer 4 à 5 minutes sur feu vif dans une poêle sans matière grasse. Une fois les lardons dorés, versez le vinaigre balsamique et le vinaigre de vin dans la poêle, salez, poivrez, laissez réduire 20 secondes. Hors du feu, ajoutez le reste d'huile d'olive, mélangez, versez le contenu de la poêle dans un grand saladier, laissez tiédir.

Ajoutez le cœur de frisée dans le saladier, mélangez avec les lardons et la sauce.

Répartissez la salade et les lardons dans les assiettes, déposez un œuf poché sur chacune, parsemez de croûtons et servez.

ASTUCE
Servez avec un brouilly rouge.

SALADE DE HARICOTS VERTS

MAGRET FUMÉ ET AMANDES AU BALSAMIQUE

Préparation : 20 minutes
Cuisson : 20 minutes

INGRÉDIENTS

Pour 6 personnes

- 600 g de haricots verts frais
- 120 g de tranches de magret de canard fumé
- 80 g d'amandes entières mondées
- 20 cl de vinaigre balsamique
- 3 cuillerées à soupe d'huile d'olive
- Sel, poivre du moulin

Équeutez et lavez les haricots verts. Faites-les cuire 15 minutes dans une grande casserole d'eau bouillante salée. Plongez-les dans un récipient d'eau très froide et égouttez-les.

Dans une casserole, faites réduire le vinaigre balsamique de trois quarts sur feu moyen avec du sel et du poivre jusqu'à ce qu'il soit légèrement sirupeux. Éteignez le feu et ajoutez l'huile d'olive en fouettant. Laissez refroidir.

Retirez le gras des tranches de magret.

Torréfiez les amandes à sec 5 minutes dans une poêle chaude.

Dans un saladier, mélangez les haricots verts refroidis, les tranches de magret et les amandes torréfiées avec la sauce. Salez, poivrez et dégustez.

ASTUCE

Vous pouvez aussi ajouter à cette salade quelques gésiers de canard confits coupés et saisis à la poêle, ainsi que des copeaux de foie gras.

TERRINE DE POIVRONS GRILLÉS
AU CHÈVRE, PIGNONS ET BASILIC

Préparation : 45 minutes
Cuisson : 45 minutes
Repos : 8 heures

INGRÉDIENTS

Pour 6 personnes

- 5 poivrons rouges
- 400 g de fromage de chèvre frais
- 80 g de pignons de pin
- 12 feuilles de basilic
- 2 gousses d'ail
- 4 cuillerées à soupe d'huile d'olive
- Sel, poivre du moulin

Préchauffez le four à 180 °C (th. 6).

Lavez les poivrons puis enveloppez-les individuellement dans du papier d'aluminium. Déposez-les sur une plaque de cuisson. Enfournez et faites cuire 45 minutes. Sortez-les du four et laissez-les refroidir dans le papier.

Pendant la cuisson des poivrons, torréfiez les pignons à sec 2 à 3 minutes dans une poêle à feu doux. Hachez le basilic. Pelez, dégermez et hachez les gousses d'ail. Dans un bol, mélangez le fromage de chèvre avec le basilic, l'ail, les pignons, l'huile d'olive, du sel et du poivre.

Pelez délicatement les poivrons et épépinez-les ; rincez-les dans une passoire sous un filet d'eau froide et laissez-les s'égoutter.

Chemisez une terrine de 20 × 8 cm environ avec un grand morceau de papier film en le laissant largement dépasser. Tapissez le fond et les côtés de la terrine avec les deux tiers des poivrons. Ajoutez la moitié du fromage de chèvre aux pignons. Déposez le reste des poivrons puis du fromage de chèvre. Rabattez les poivrons sur le dessus. Recouvrez le tout avec le papier film puis tassez en appuyant avec la paume de la main. Placez la terrine 8 heures au réfrigérateur.

Sortez la terrine au dernier moment, démoulez-la et coupez-la en tranches.

ASTUCE

Accompagnez de tranches de pain grillé frottées à l'ail et de pesto.

LES PLATS

PAUPIETTES AUX CHAMPIGNONS

SAUCE AU CIDRE

Préparation : 45 minutes
Cuisson : 45 minutes

INGRÉDIENTS

Pour 4 personnes

- 4 escalopes de veau aplaties par votre boucher
- 400 g de chair à saucisse
- 250 g de champignons de Paris
- 3 échalotes
- 1 petit bouquet de persil
- 40 cl de cidre
- 25 cl de fond de veau
- 2 cuillerées à soupe de crème fraîche épaisse
- 40 g de beurre
- 5 cl d'huile végétale
- Sel, poivre du moulin

Aplatissez les escalopes entre 2 feuilles de film alimentaire en tapant dessus avec le cul d'une casserole ou un rouleau à pâtisserie.

Nettoyez, lavez et coupez les champignons en quartiers.
Lavez et hachez le persil.

Faites cuire les champignons 10 minutes sur feu moyen dans une poêle avec le beurre, salez, poivrez. Hachez 1/4 des champignons avec un couteau.

Mélangez les champignons hachés dans un récipient avec la chair à saucisse, les 2/3 du persil haché, du sel et du poivre. Divisez la farce en quatre, déposez-la au centre de chaque escalope, puis refermez délicatement, et ficelez les paupiettes.

Faites-les saisir dans une cocotte avec l'huile, ajoutez les échalotes hachées, laissez cuire 3 minutes. Versez le cidre dans la cocotte. Portez à ébullition 5 minutes, puis versez le fond de veau. Salez, poivrez, couvrez la cocotte, faites cuire 20 minutes.

Ajoutez la crème et les champignons en quartiers, laissez réduire quelques minutes pour obtenir une sauce onctueuse. Parsemez avec le reste de persil haché et servez.

ASTUCE

Servez avec un anjou gamay rouge.

CONFIT DE CANARD À L'AIL

POMMES DE TERRE SAUTÉES EN PERSILLADE

Préparation : 45 minutes
Salage : 24 heures
Cuisson : 2 h 30

INGRÉDIENTS

Pour 4 personnes

- 4 grosses cuisses de canard gras
- 1 kg de graisse de canard
- 600 g de pommes de terre
- 4 gousses d'ail
- 2 branches de thym
- 1 feuille de laurier
- 1 bouquet de persil
- 400 g de gros sel
- Sel, poivre du moulin

La veille : épluchez 2 gousses d'ail. Frottez généreusement les cuisses de canard avec les gousses et le gros sel. Déposez-les dans un plat creux avec les gousses d'ail coupées en deux, couvrez-les de film alimentaire, placez le plat 24 heures au réfrigérateur.

Le jour même : sortez les cuisses, retirez le sel en les passant sous l'eau froide, essuyez-les avec un papier absorbant.

Épluchez les 2 autres gousses d'ail. Faites fondre la graisse de canard dans une sauteuse sur feu doux. Mettez les cuisses de canard dans la graisse avec les gousses d'ail, le thym et le laurier. Faites cuire les cuisses pendant 2 heures sur feu très doux, la température de la graisse ne doit pas dépasser 80 degrés. Vérifiez la cuisson des cuisses en enfonçant les piques d'une fourchette dedans, elles doivent pénétrer dans la chair sans effort. Retirez les cuisses de la sauteuse, réservez-les dans un récipient. Filtrez la graisse de cuisson sur les cuisses, laissez refroidir.

Coupez les pommes de terre en rondelles de 2 à 3 mm, lavez-les sous l'eau froide. Prélevez 4 cuillerées à soupe de graisse de canard, versez-la dans une poêle, faites-la chauffer, faites sauter les pommes de terre dedans pendant 15 à 20 minutes en les remuant régulièrement, salez, poivrez.

Lavez et hachez le persil. Sortez les cuisses de la graisse, faites-les dorer 4 à 5 minutes de chaque côté dans une poêle sur feu moyen. Ajoutez le persil sur les pommes de terre, mélangez, et servez aussitôt avec les cuisses de canard confites.

ASTUCE

Servez avec un bergerac ou un limoux rouge.

STEAKS AU POIVRE
GRATIN DAUPHINOIS

Préparation : 30 minutes
Cuisson : 50 minutes

INGRÉDIENTS
Pour 4 personnes

- 4 steaks de 200 g environ (dans le cœur du rumsteak, ou autre selon votre goût)
- 50 g de poivre mignonnette
- 15 cl de fond de veau corsé
- 8 cl de cognac
- 10 cl de porto
- 1 grosse cuillerée à soupe de crème fraîche épaisse
- 5 cl d'huile végétale
- Sel

Pour le gratin dauphinois :

- 700 g de grosses pommes de terre
- 2 gousses d'ail
- 40 cl de lait
- 25 cl de crème liquide
- 10 g de beurre pour le plat
- Sel, poivre du moulin

Préparez le gratin : épluchez et lavez les pommes de terre, coupez-les en rondelles de 3 mm d'épaisseur environ. Frottez un plat à gratin avec une gousse d'ail, beurrez-le. Mélangez le lait et la crème dans une grande casserole. Ajoutez les pommes de terre, la deuxième gousse d'ail hachée, du sel et du poivre. Portez à ébullition, faites cuire les pommes de terre 15 minutes en les remuant régulièrement.

Préchauffez le four à 200 °C (th. 6-7).

Répartissez le contenu de la casserole dans le plat à gratin. Enfournez le plat, faites cuire le gratin 20 à 25 minutes.

Badigeonnez les steaks de poivre mignonnette en pressant légèrement dessus pour le faire adhérer à la viande. Faites cuire les steaks dans une poêle sur feu vif avec l'huile, de 3 à 8 minutes de chaque côté selon la cuisson désirée. Retirez les steaks de la poêle, déposez-les sur un plat, couvrez-les avec une assiette pour les maintenir au chaud.

Dégraissez la poêle, faites-la chauffer sur feu vif, versez le cognac, faites-le flamber, laissez réduire de 2/3. Ajoutez le porto, faites-le réduire de 2/3 également pour qu'il ait une consistance sirupeuse. Versez le fond de veau dans la poêle, laissez réduire encore, puis ajoutez la crème fraîche. Mélangez, vérifiez l'assaisonnement, puis mettez à chauffer les steaks au poivre dans la sauce pendant 2 minutes.

Servez aussitôt avec le gratin bien chaud.

ASTUCE
Servez avec un haut médoc rouge.

JARRETS DE PORC CONFITS
AU MIEL ET À LA BIÈRE

Préparation : 30 minutes
Cuisson : 2 h 45

INGRÉDIENTS
Pour 4 personnes

- 4 petits jarrets de 350-400 g environ (ou 2 gros jarrets de 700-800 g)
- 2 gros oignons
- 1 grosse carotte
- 100 g de miel
- 1 cuillerée à soupe de graines de carvi
- 40 cl de bière brune ou blonde selon votre goût
- 20 cl de fond de veau
- 5 cl d'huile d'olive
- Sel, poivre du moulin

Épluchez et émincez les oignons, épluchez et coupez la carotte en petits morceaux.

Déposez les jarrets dans une grande casserole. Couvrez-les d'eau froide, portez à ébullition pendant 15 minutes, puis égouttez-les, et rincez-les sous l'eau.

Faites saisir les jarrets 5 minutes dans une grande cocotte avec l'huile d'olive. Une fois dorés, arrosez-les de miel, parsemez de graines de carvi, salez, poivrez. Laissez-les caraméliser sur feu moyen en les enrobant de miel. Autour des jarrets, ajoutez les oignons et la carotte, laissez cuire 5 minutes en remuant.

Versez la bière, laissez bouillir 5 minutes, ajoutez le fond de veau, salez, poivrez, couvrez la cocotte. Laissez cuire entre 2 h 15 et 2 h 30 sur feu doux en tournant régulièrement les jarrets pour bien les laquer, jusqu'à ce qu'il ne reste presque plus de liquide, et que la viande se détache des os.

Servez les jarrets avec un écrasé de pommes de terre ou un gratin de macaronis.

ASTUCE
Servez avec un sancerre rouge.

HISTOIRE DE PLAT N° 3

LA BLANQUETTE DE VEAU

Plat national dont l'origine géographique est inconnue, la blanquette est avant tout une histoire de restes. Il faut remonter à 1735 pour découvrir une manière d'apprêter des restes de rôti de veau.

“ Ils sont servis avec des oignons grelots et une sauce blanche, proposés en entrée et non pas en plat. Cette présentation sous-entend que la blanquette était un plat familial, car l'on imagine assez mal qu'il soit servi à des invités qui auraient vite compris qu'on leur servait les restes de la veille.

Un peu plus d'un siècle plus tard, la blanquette devient un plat comme le stipule le cuisinier Jules Gouffé dans *Le livre de cuisine. La cuisine de ménage et la grande cuisine*. Il y est indiqué que la blanquette se fait avec de la poitrine de veau taillée en morceaux cuits dans de l'eau salée et poivrée auxquels on ajoute des oignons, des clous de girofle et un bouquet double. Parallèlement, Jules Gouffé souligne qu'il faut réaliser un roux lié avec des jaunes d'œufs et passer le tout au chinois au-dessus des morceaux de veau avant d'ajouter du persil haché, de faire bouillir une minute, et de servir.

Dans la cuisine ménagère, le riz ne fera son apparition dans la recette qu'après la Seconde Guerre mondiale et les morceaux de veau utilisés varient selon les goûts de chacun. S'il était question de poitrine au XIXe siècle, de nombreuses recettes contemporaines soulignent qu'il faut varier les morceaux et prévoir du tendron, de l'épaule, du collier, du flanchet et éventuellement du jarret. ”

ANDOUILLETTES GRILLÉES
FONDUE D'ÉCHALOTES, FRITES FRAÎCHES

Préparation : 20 minutes
Cuisson : 50 minutes

INGRÉDIENTS
Pour 4 personnes

- 4 andouillettes AAAAA
- 800 g de pommes de terre Bintje
- 8 grosses échalotes
- 2 branches de persil
- 15 cl de vin blanc sec
- 15 cl de jus de veau corsé
- 30 g de beurre
- 2 cuillerées à soupe d'huile de tournesol
- Huile de friteuse
- 1 cuillerée à café rase de sucre semoule
- Sel, poivre du moulin

Épluchez les pommes de terre, taillez-les en grosses frites, lavez-les et séchez-les dans un torchon.

Faites chauffer l'huile dans la friteuse à 150 °C. Plongez les frites 5 minutes dans l'huile pour les faire blanchir. Égouttez-les, laissez-les refroidir.

Épluchez et émincez les échalotes, faites-les fondre 10 minutes dans une sauteuse avec le beurre sur feu moyen. Ajoutez le sucre, salez, poivrez, faites légèrement caraméliser les échalotes, puis versez le vin blanc. Portez à ébullition, laissez réduire le vin de moitié puis ajoutez le jus de veau. Salez, poivrez, laissez la sauce encore 10 minutes sur feu doux.

Faites griller les andouillettes 8 à 10 minutes dans une poêle ou sur un gril avec l'huile. Déposez les andouillettes dans la sauce, laissez mijoter encore 6 à 8 minutes, parsemez de persil ciselé.

Augmentez la température de la friteuse à 180 °C, replongez les frites dedans 5 à 6 minutes pour finir la cuisson et les faire dorer.

Servez les andouillettes avec les frites et la sauce aux échalotes.

ASTUCE
Servez avec un chablis blanc.

SAUCISSES ET PURÉE ONCTUEUSE AU COMTÉ

JUS DE VIANDE AUX CHAMPIGNONS

Préparation : 30 minutes
Cuisson : 1 heure

INGRÉDIENTS

Pour 4 personnes

- 4 saucisses de Toulouse (préparées au couteau de préférence pour plus de mâche)
- 25 cl de jus de viande ou de fond de veau
- 700 g de pommes de terre
- 250 g de champignons de Paris
- 160 g de comté râpé
- 100 g de beurre
- 15 cl de lait
- 2 cuillerées à soupe d'huile de tournesol
- Sel, poivre du moulin

Épluchez, lavez et coupez les pommes de terre en morceaux, faites-les cuire 20 minutes dans une casserole d'eau bouillante salée, départ eau froide.

Lavez et émincez les champignons, saisissez-les 6 à 8 minutes sur feu vif dans une poêle, avec 20 g de beurre, salez, poivrez.

Faites réduire de moitié le jus de viande ou le fond de veau dans une casserole sur feu moyen. Salez, poivrez, ajoutez les champignons, mélangez.

Faites griller les saucisses 12 à 15 minutes sur feu moyen dans une poêle ou sur un gril avec l'huile, en les tournant régulièrement.

Dans une casserole, faites chauffer le lait. Égouttez les pommes de terre, passez-les au presse-purée, mélangez-les avec le lait, le reste du beurre en morceaux, le comté râpé, du sel et du poivre.

Faites chauffer la sauce avec les champignons. Servez les saucisses avec la purée, nappez de sauce aux champignons et servez.

ASTUCE

Servez avec un arbois rouge.

PALERON CONFIT
COQUILLETTES AU BEURRE

Préparation : 40 minutes
Cuisson : 4 heures

INGRÉDIENTS
Pour 4 personnes

- 1 kg de paleron coupé en gros morceaux
- 400 g de coquillettes
- 2 oignons jaunes
- 4 gousses d'ail
- 1 grosse carotte
- 1 branche de céleri
- 2 branches de thym
- 50 cl de vin rouge
- 30 cl de fond de veau
- 50 g de beurre
- 5 cl d'huile d'olive
- 1 cuillerée à soupe rase de sucre
- Sel, poivre du moulin

Épluchez et hachez les oignons et les gousses d'ail, épluchez et coupez le céleri et la carotte en petits cubes.

Faites saisir les morceaux de paleron 5 minutes sur feu vif dans une grande cocotte avec l'huile. Retirez les morceaux de paleron, baissez le feu, mettez tous les légumes coupés dans la cocotte, laissez cuire 5 minutes sur feu moyen.

Versez le vin dans la cocotte, ajoutez le sucre, portez à ébullition.

Remettez les morceaux de paleron dans la cocotte, versez le fond de veau, ajoutez le thym, salez, poivrez. Couvrez la cocotte, laissez mijoter 3 heures sur feu très doux en retournant les morceaux régulièrement et en écumant la surface.

Quand les morceaux de paleron sont cuits, sortez-les de la cocotte, déposez-les sur une assiette, couvrez-les avec un film alimentaire. Faites réduire le fond de cuisson jusqu'à ce qu'il ait une consistance sirupeuse, puis filtrez-le dans un bol avec une passoire fine.

Versez la sauce filtrée dans la cocotte propre, ajoutez les morceaux de paleron, gardez-les au chaud.

Faites cuire les coquillettes dans une grande casserole d'eau bouillante salée le temps indiqué sur le paquet. Égouttez-les avec une passoire. Versez-les dans un plat avec le beurre mou, salez, poivrez, et mélangez pour bien enrober les coquillettes de beurre. Servez.

ASTUCE
Servez avec un anjou ou un bourgeuil rouge.

BOURGUIGNON
AU LARD ET OIGNONS GRELOTS CARAMÉLISÉS

Préparation : 40 minutes
Cuisson : 2 h 45

INGRÉDIENTS
Pour 4 personnes

- 1,2 kg de macreuse coupée en gros morceaux
- 3 tranches de lard de 5 mm d'épaisseur
- 200 g d'oignons grelots au vinaigre
- 4 grosses échalotes
- 1 feuille de laurier
- 2 branches de thym
- 3 brins de persil
- 1 l de vin rouge
- 50 cl de fond de veau
- 30 g de beurre
- 60 g de farine
- 5 cl d'huile végétale
- 1 cuillerée à soupe bombée de sucre
- Sel, poivre du moulin

Épluchez et émincez les échalotes. Coupez le lard en morceaux.

Dans une grande cocotte, faites saisir les morceaux de viande et de lard dans l'huile sur feu vif. Retirez-les, ajoutez les échalotes, et laissez-les confire 6 à 8 minutes sur feu moyen.

Remettez les morceaux de viande dans la cocotte, salez, poivrez, ajoutez la farine, mélangez et laissez cuire 2 minutes sur feu vif en mélangeant les morceaux de viande dans la farine.

Versez le vin rouge dans la cocotte, portez à ébullition, laissez bouillir 5 minutes. Ajoutez le fond de veau, le thym et le laurier. Couvrez la cocotte, laissez cuire 1 h 45 sur feu doux en écumant la surface régulièrement.

Égouttez les petits oignons. Faites-les dorer 5 minutes dans une poêle sur feu vif avec le beurre. Ajoutez le sucre, laissez-les caraméliser 5 minutes sur feu moyen, salez, poivrez.

Vérifiez la cuisson et l'assaisonnement du bourguignon, la viande doit être moelleuse (si elle ne l'est pas, prolongez la cuisson de 15 minutes). Ajoutez les lardons et les petits oignons dans la cocotte, faites mijoter le tout encore 30 minutes.

Parsemez de persil ciselé et servez le bourguignon. Accompagnez avec des pâtes ou des pommes de terre vapeur persillées.

ASTUCE
Vous pouvez ajouter un carré de chocolat noir en fin de cuisson dans la sauce pour l'adoucir.

POULET RÔTI, JUS AUX HERBES

ÉCRASÉ DE POMMES DE TERRE RISSOLÉES

Préparation : 20 minutes
Cuisson : 1 h 30

INGRÉDIENTS

Pour 4 à 6 personnes

- 1 poulet fermier prêt à cuire de 1,4 kg environ
- 600 g de pommes de terre
- 1 grosse tête d'ail
- 1 tomate
- 1 gros oignon jaune
- 1 branche de romarin
- 2 branches de thym
- 2 feuilles de laurier
- 25 g de beurre
- 8 cl d'huile d'olive
- Sel, poivre du moulin

Préchauffez le four à 180 °C (th. 6).

Épluchez et émincez l'oignon. Détachez les gousses d'ail sans les éplucher, lavez la tomate, coupez-la en quartiers.

Salez, poivrez, et ajoutez 3 gousses d'ail à l'intérieur du poulet, puis ficelez-le fermement.

Faites dorer le poulet sur toutes ses faces dans une cocotte avec la moitié de l'huile d'olive sur feu moyen.

Ajoutez l'oignon émincé, laissez-le fondre 3 minutes, puis répartissez les morceaux de tomate, le reste des gousses d'ail, le romarin, le thym et le laurier autour du poulet. Salez, poivrez, couvrez la cocotte avec un papier aluminium. Enfournez la cocotte, faites cuire le poulet 45 minutes en le tournant et en l'arrosant toutes les 15 minutes.

Épluchez et lavez les pommes de terre. Coupez-les en tranches, faites-les sauter 15 à 20 minutes dans une poêle avec le reste d'huile d'olive et le beurre, salez, poivrez.

Retirez le papier aluminium du poulet, continuez la cuisson 20 à 30 minutes pour bien le faire dorer. Sortez la cocotte du four, retirez le poulet, couvrez-le avec une feuille de papier aluminium, laissez-le reposer 10 minutes.

Remettez la cocotte sur le feu, versez 20 cl d'eau, faites bouillir 10 minutes sur feu moyen pour obtenir un jus onctueux. Filtrez le jus dans un bol.

Écrasez les pommes de terre avec une fourchette. Servez le poulet découpé en morceaux avec l'écrasé de pommes de terre et le jus.

POT-AU-FEU DE CANARD
AU FOIE GRAS

Préparation : 45 minutes
Cuisson : 2 h 30

INGRÉDIENTS

Pour 6 personnes

- 6 cuisses de canard à confit crues
- 1 lobe de 500 g de foie gras de canard cru
- 18 navets nouveaux
- 8 carottes
- 1 poireau
- 6 belles pommes de terre
- 1 oignon piqué de 2 clous de girofle
- 1 bouquet garni
- Fleur de sel
- Sel, poivre du moulin

Dégraissez légèrement les cuisses de canard si nécessaire. Épluchez et lavez tous les légumes. Mettez les cuisses de canard dans un grand faitout avec 2 carottes entières, le poireau, l'oignon piqué, le bouquet garni, du sel et du poivre. Recouvrez largement d'eau froide.
Portez à ébullition, écumez la surface, couvrez, puis laissez cuire 1 heure à feu très doux.

Retirez les carottes et le poireau de la garniture aromatique, ajoutez les petits navets entiers, le reste des carottes et les pommes de terre coupées en gros morceaux. Continuez la cuisson 1 h 30 environ à feu doux, jusqu'à ce que la viande et les légumes soient cuits.

Laissez les cuisses refroidir dans le bouillon. Sortez les légumes et dégraissez légèrement le bouillon.

Au moment de servir, faites réchauffer le tout dans le bouillon, coupez le foie gras cru en tranches de 1 cm d'épaisseur environ. Salez-les et poivrez-les, puis faites-les cuire 2 minutes de chaque côté à feu vif dans une poêle bien chaude sans matière grasse. Égouttez-les sur du papier absorbant.

Répartissez les cuisses et les légumes dans 6 assiettes creuses, déposez 1 tranche de foie gras chaud dans chacune et versez 1 grosse louche de bouillon bouillant dessus.

Parsemez de fleur de sel, donnez quelques tours de moulin à poivre et dégustez aussitôt.

TOMATES FARCIES
À LA PARMESANE

Préparation : 25 minutes
Cuisson : 40 minutes

INGRÉDIENTS
Pour 4 personnes

- 600 g de viande de veau hachée
- 4 grosses tomates à farcir type cœur de bœuf
- 1 oignon moyen
- 10 feuilles de basilic
- 4 feuilles de sauge
- 4 brins de thym
- 2 cuillerées à soupe de chapelure
- 1 tranche de pain de mie
- 5 cl de lait
- 100 g de parmesan râpé
- 8 cl d'huile d'olive
- Sel, poivre du moulin

Retirez la croûte du pain de mie, émiettez-le dans un bol, versez le lait dessus.

Lavez les tomates, coupez les chapeaux, videz délicatement les tomates avec une cuillère. Assaisonnez l'intérieur de celles-ci, et déposez-les à l'envers sur une feuille de papier sulfurisé.

Hachez les feuilles de basilic et de sauge.

Préchauffez le four à 180 °C (th. 6).

Épluchez et hachez l'oignon, faites-le fondre 5 minutes dans une poêle sur feu moyen avec 3 cl d'huile d'olive.

Déposez la chair de veau dans un récipient, ajoutez l'oignon fondu, le pain de mie imbibé de lait, la chapelure, le parmesan râpé, du sel et du poivre. Mélangez 3 à 4 minutes à la main pour obtenir une farce bien homogène.

Farcissez les tomates. Disposez les tomates dans un plat allant au four, parsemez-les de brindilles de thym, arrosez-les avec le reste d'huile d'olive.

Enfournez le plat, faites cuire les tomates 30 à 35 minutes, servez aussitôt.

ASTUCE

Servez avec un côtes-de-provence blanc ou rosé.

HISTOIRE DE PLAT N° 4

LE BŒUF BOURGUI-GNON

Élu en 2017 plat le plus représentatif de la cuisine française devant la blanquette de veau et le steak frites, le bœuf bourguignon entre également très régulièrement dans le Top 10 des plats préférés des Français.

“ Mentionné pour la première fois par Pierre Larousse en 1867 dans *le Grand Dictionnaire universel du XIXe siècle*, mais sans la moindre définition ou explication, le bœuf bourguignon aurait été dans un premier temps appelé estouffade de bœuf, et une légende raconte que les ducs de Bourgogne auraient rapporté cette recette des Flandres qu'ils occupèrent autour du XVe siècle ; à ceci près que dans les Flandres la sauce était réalisée à partir de bière. Les bourguignons l'auraient-ils remplacée par du vin ? L'histoire ne le dit pas.

Ce que l'on sait en revanche, c'est que ce sont les paysans qui se sont approprié la recette en la préparant les jours de fête en mariant deux produits emblématiques de la région, le pinot noir et la race charolaise dont ils prélevaient des morceaux économiques comme le paleron, le jarret, le collier ou le jumeau qu'ils faisaient mariner dans du vin pendant au moins une nuit, avant de les cuire le lendemain pendant 2 heures environ.

Codifié par le grand chef Auguste Escoffier au début du XXe siècle, le bœuf bourguignon s'est ensuite répandu dans le monde entier. Mais avant cela, il aurait engendré un autre plat, très apprécié dans les bistrots, les œufs en meurette que l'on faisait pocher dans les restes de la sauce du bœuf bourguignon avant de les servir avec des champignons et du pain grillé. ”

CHOUCROUTE DE HADDOCK

AU BEURRE BLANC CITRONNÉ

Préparation : 30 minutes
Cuisson : 30 minutes

INGRÉDIENTS

Pour 4 personnes

- 4 morceaux de haddock de 180 g environ
- 600 g de chou à choucroute
- 2 grosses échalotes
- 1 branche de thym
- 1 feuille de laurier
- 2 baies de genièvre
- 1/2 botte de ciboulette (ou 1 bouquet de persil)
- 40 cl de vin blanc
- 5 cl de jus de citron
- 15 cl de crème liquide
- 160 g de beurre
- 50 cl de lait
- 3 cl de vinaigre blanc
- Sel, poivre du moulin (facultatifs)

Épluchez et hachez les échalotes. Mettez-les dans une casserole avec 20 cl de vin blanc, le vinaigre et la branche de thym. Faites réduire le tout de moitié sur feu moyen.

Ajoutez la crème, faites encore réduire de moitié sur feu moyen, puis hors du feu ajoutez le beurre froid coupé en petits morceaux, en mélangeant avec un fouet.

Filtrez le beurre blanc dans une casserole propre avec une passoire fine. Ajoutez le jus de citron. Réservez le beurre blanc.

Versez le reste du vin blanc et le chou dans une sauteuse avec la feuille de laurier et les baies de genièvre. Couvrez la sauteuse, faites chauffer le chou 12 à 15 minutes sur feu moyen en le mélangeant régulièrement, salez et poivrez si nécessaire.

Dans une casserole, faites bouillir le lait et 50 cl d'eau, éteignez le feu, plongez les morceaux de haddock dans le lait bouillant, pochez-les 6 à 8 minutes.

Faites réchauffer le beurre blanc sur feu très doux en fouettant, sans le faire bouillir.

Répartissez le chou égoutté dans des assiettes, déposez un morceau de haddock poché, nappez de beurre blanc, parsemez de ciboulette hachée (ou de persil haché), et servez.

ASTUCE

Servez avec un sylvaner blanc.

AGNEAU CONFIT AUX AROMATES

HARICOTS BLANCS AU JUS

Préparation : 20 minutes
Cuisson : 1 h 45

INGRÉDIENTS

Pour 4 personnes

- 1 kg d'épaule d'agneau coupée en gros morceaux
- 600 g de haricots blancs cuits
- 2 oignons jaunes
- 4 gousses d'ail
- 4 baies de genièvre
- 4 feuilles de laurier
- 4 branches de thym
- 20 cl de vin blanc
- 20 cl de fond de veau
- 3 branches de persil
- 5 cl d'huile d'olive
- Sel, poivre du moulin

Préchauffez le four à 160 °C (th. 5-6).

Épluchez et hachez les oignons et les gousses d'ail.

Faites saisir les morceaux d'agneau 5 minutes sur feu vif dans une cocotte avec l'huile. Baissez le feu, ajoutez l'oignon et l'ail hachés, laissez fondre 5 minutes en remuant.

Ajoutez le vin blanc, faites réduire 3 minutes, ajoutez le fond de veau, les baies de genièvre, le thym, le laurier, du sel et du poivre. Couvrez la cocotte, enfournez-la, faites cuire 1 heure en remuant les morceaux à mi-cuisson.

Égouttez et rincez les haricots avec une passoire sous l'eau froide.

Sortez la cocotte, ajoutez les haricots, mélangez.

Enfournez de nouveau la cocotte, prolongez la cuisson 30 minutes. Parsemez de persil et servez.

SAUTÉ DE VEAU TOMATÉ
AUX OIGNONS NOUVEAUX

Préparation : 20 minutes
Repos : 15 minutes
Cuisson : 1 h 30

INGRÉDIENTS

Pour 4 personnes

- 1,2 kg d'épaule de veau coupée en morceaux
- 2 bottes de petits oignons nouveaux
- 1 carotte
- 4 grosses tomates
- 2 belles branches de romarin
- 25 cl de vin blanc
- 15 cl de fond de veau
- 5 cl d'huile d'olive
- Sel, poivre du moulin

Préchauffez le four à 180 °C (th. 6).

Épluchez et lavez les petits oignons. Gardez-les entiers en gardant un peu du vert des tiges. Épluchez, lavez et taillez la carotte en petits morceaux, lavez, épépinez et concassez les tomates.

Faites saisir 5 minutes sur feu vif les morceaux de veau sur toutes leurs faces dans une cocotte avec l'huile d'olive, salez, poivrez.

Ajoutez les petits oignons et les morceaux de carotte, laissez rissoler 2 minutes, ajoutez les tomates et le vin dans la cocotte. Portez à ébullition pendant 5 minutes. Ajoutez le fond de veau et les branches de romarin, salez, poivrez. Couvrez la cocotte, enfournez-la, laissez cuire 1 h 15 sans y toucher.

Sortez la cocotte du four, laissez reposer la viande 15 minutes avant de la déguster. Accompagnez avec des pâtes fraîches ou une galette de polenta.

ASTUCE

Servez avec un pouilly fuissé blanc.

STAUB

VAT 4
FRUIT BEERS
NO STANDING AT THE BAR

Bar du Marché
Bar du Marché
Salon de Thé
Bar du Marché

CÔTES DE COCHON SAUCE CHARCUTIÈRE
POMMES BOULANGÈRE

Préparation : 40 minutes
Cuisson : 1 h 10

INGRÉDIENTS

Pour 4 personnes

- 4 côtes de cochon de 200 g environ
- 1 échalote
- 1 petit oignon blanc
- 6 petits cornichons
- 1 cuillerée à café de concentré de tomate
- 1 cuillerée à soupe de moutarde
- 15 cl de vin blanc
- 10 cl de fond de veau
- 5 cl d'huile de tournesol
- Sel, poivre du moulin

Pour les pommes boulangère :

- 700 g de pommes de terre
- 2 oignons jaunes
- 60 cl de bouillon de bœuf
- 25 g de beurre
- Sel, poivre du moulin

Préparez les pommes boulangère : préchauffez le four à 180 °C (th. 6). Épluchez et émincez finement les oignons. Épluchez et lavez les pommes de terre. Taillez-les en tranches de 3 mm environ. Beurrez généreusement un plat à gratin. Répartissez les pommes de terre et les oignons par couches successives dans le plat. Salez, poivrez, puis versez le bouillon de bœuf dessus afin de tout recouvrir. Couvrez le plat avec une feuille de papier aluminium. Enfournez et faites cuire les pommes de terre 45 minutes.

Préparez la sauce : épluchez et hachez l'échalote et l'oignon, émincez les cornichons. Faites fondre l'échalote et l'oignon 5 minutes sur feu doux dans une casserole avec 1 cuillerée à soupe d'huile. Versez le vin blanc, faites-le réduire de 2/3 sur feu doux. Ajoutez le concentré de tomate, le fond de veau et 10 cl d'eau, salez, poivrez, faites cuire la sauce 10 minutes sur feu doux, jusqu'à ce qu'elle devienne onctueuse. Filtrez la sauce dans une casserole propre avec une passoire fine. Ajoutez la moutarde, mélangez avec un fouet, ajoutez les cornichons, réservez la sauce.

Assaisonnez les côtes de cochon, faites-les cuire 6 à 8 minutes de chaque côté dans une poêle sur feu moyen avec le reste d'huile.

Faites chauffer la sauce sans la faire bouillir. Servez les côtes nappées de sauce avec les pommes boulangère.

MAGRETS DE CANARD
AU MIEL ET FRUITS ROUGES

Préparation : 20 minutes
Cuisson : 40 minutes

INGRÉDIENTS

Pour 4 personnes

- 2 gros magrets de canard
- 1 cuillerée à café de confiture de fraise ou de framboise
- 80 g de fraises
- 80 g de framboises
- 2 cuillerées à soupe de miel liquide
- 5 cl de vinaigre balsamique
- 20 cl de vin rouge
- 15 cl de fond de volaille
- 20 g de beurre
- Sel, poivre du moulin

Lavez délicatement les fruits rouges sous l'eau froide, équeutez et coupez les fraises en deux.

Faites chauffer le miel dans une casserole. Quand il commence à légèrement caraméliser, ajoutez le vinaigre balsamique. Laissez réduire 30 secondes, ajoutez le vin rouge, faites-le réduire de moitié, puis ajoutez le fond de volaille, du sel et du poivre. Faites réduire le tout environ 8 à 10 minutes sur feu moyen pour obtenir une sauce légèrement épaisse.

Ajoutez la confiture, puis mixez la sauce avec un mixeur à bras. Ajoutez le beurre en petits morceaux tout en fouettant. Vérifiez l'assaisonnement, puis ajoutez les fraises et les framboises. Gardez la sauce au chaud sans la faire bouillir.

Assaisonnez les magrets, faites-les cuire dans une poêle chaude sans matière grasse 6 à 8 minutes de chaque côté en commençant par le côté graisse, sur feu moyen pour une cuisson rosée, 5 minutes de plus pour une cuisson à point.

Enveloppez chaque magret dans une feuille de papier aluminium, laissez-les reposer 8 à 10 minutes.

Tranchez les magrets, servez-les avec la sauce aux fruits rouges bien chaude. Accompagnez avec une purée ou un écrasé de pommes de terre.

ASTUCE
Servez avec un gigondas rouge.

ONGLETS GRILLÉS

FONDUE D'OIGNONS CARAMÉLISÉS

Préparation : 15 minutes
Cuisson : 30 minutes

INGRÉDIENTS

Pour 4 personnes

- 4 onglets de 200 g environ
- 2 oignons jaunes de taille moyenne
- 15 cl de porto
- 10 cl de jus ou de fond de veau
- 30 g de beurre
- 5 cl d'huile de tournesol
- 1 cuillerée à soupe rase de cassonade
- Sel, poivre du moulin

Épluchez et hachez les oignons. Faites-les fondre 15 minutes dans une casserole sur feu moyen avec le beurre et 1 cuillerée à soupe d'huile jusqu'à ce qu'ils deviennent légèrement translucides.

Ajoutez le sucre, laissez légèrement caraméliser en remuant.
Versez le porto dans la casserole, laissez réduire de 2/3, puis ajoutez le jus de veau, du sel et du poivre. Faites cuire la sauce 10 minutes sur feu doux.

Assaisonnez les onglets, faites-les griller dans une poêle avec l'huile 2 à 6 minutes de chaque côté selon la cuisson désirée.

Servez les onglets avec la sauce aux oignons caramélisés, accompagnez avec des frites ou un gratin de macaronis.

Cha

mpagne

LEA

TARTARE AU COUTEAU

Préparation : 20 minutes

INGRÉDIENTS

Pour 4 personnes

- 600 g de viande de bœuf (rond de gîte ou gîte à la noix)
- 4 jaunes d'œufs
- 4 oignons nouveaux
- 2 grosses échalotes
- 40 g de câpres
- 1 bouquet de persil
- 2 grosses cuillerées à soupe bombées de moutarde forte
- 4 grosses cuillerées à soupe bombées de ketchup
- 2 cuillerées à soupe de sauce soja salée
- 4 cuillerées à soupe de sauce Worcestershire
- Sel, poivre du moulin

Taillez la viande avec un couteau en petits morceaux réguliers.

Épluchez et hachez les échalotes, nettoyez et hachez les oignons nouveaux, lavez et hachez le persil, hachez grossièrement les câpres.

Déposez la viande dans un grand bol, ajoutez la sauce soja, la sauce Worcestershire, le ketchup, la moutarde, les oignons et les échalotes hachés, les câpres, un peu de sel et du poivre.

Mélangez la préparation avec une cuillère, ajoutez les jaunes d'œufs, mélangez, vérifiez l'assaisonnement, et servez aussitôt avec un mesclun ou des grosses frites maison.

ASTUCE

Servez avec un corbières rouge.

PARMENTIER DE POT-AU-FEU

Préparation : 30 minutes
Cuisson : 1 h 10

INGRÉDIENTS

Pour 6 personnes

- 1 kg de reste de viande de pot-au-feu
(avec 150 g de carottes et 20 cl de bouillon)
- 1,2 kg de pommes de terre
- 1 gros oignon
- 2 pincées de noix de muscade
- 2 cuillerées à soupe de fond de veau déshydraté
- 80 g de chapelure
- 20 cl de lait
- 200 g de crème épaisse
- 150 g de beurre
- 3 cuillerées à soupe d'huile d'olive
- Sel, poivre du moulin

Épluchez et lavez les pommes de terre. Faites-les cuire 20 minutes dans de l'eau bouillante salée. Pendant ce temps, effilochez la viande de pot-au-feu. Coupez les carottes en morceaux. Dans une casserole, faites chauffer le bouillon avec le fond de veau déshydraté.

Épluchez et hachez l'oignon. Dans une cocotte, faites-le fondre dans l'huile d'olive 5 minutes à feu moyen. Ajoutez les carottes et la viande, mélangez, puis versez le bouillon. Laissez mijoter à découvert 15 minutes à feu moyen.

Préchauffez le four à 200 °C (th. 6-7).

Faites chauffer le lait dans une casserole. Égouttez les pommes de terre et passez-les au presse-purée. Incorporez le lait chaud, la noix de muscade, 120 g de beurre coupé en morceaux, la crème, du sel et du poivre. Mélangez délicatement pour obtenir une purée onctueuse.

Répartissez la viande mijotée dans le fond d'un grand plat à gratin. Recouvrez de purée et lissez le dessus. Parsemez la surface de chapelure et arrosez avec le reste de beurre fondu. Mettez le plat au four 30 minutes, le parmentier doit être bien gratiné.

Servez aussitôt avec une salade.

ASTUCE

Vous pouvez réaliser la même recette avec un reste de poulet, de gigot ou de rôti de veau. Dans ce cas, hachez les viandes finement au couteau et ajoutez selon votre goût des herbes, des pignons, des noix, etc.

BLANQUETTE DE VEAU
AUX CHAMPIGNONS, PETITS OIGNONS ET BACON

Préparation : 40 minutes
Cuisson : 2 h 30

INGRÉDIENTS

Pour 6 personnes

- 1,5 kg d'épaule de veau coupée en gros morceaux-
  600 g de champignons de Paris
- 2 bottes de petits oignons nouveaux, rouges ou blancs
- 12 tranches de bacon
- 2 carottes
- 1 poireau
- 2 branches de céleri
- 1 gros oignon
- 1 bouquet garni
- 2 clous de girofle
- 1 cuillerée à café bombée de Maïzena®
- 50 cl de crème liquide
- 100 g de beurre
- 1 cuillerée à soupe d'huile
- 1 cuillerée à soupe de sucre semoule
- Sel, poivre en grains et du moulin

Épluchez et lavez les carottes, le céleri et le poireau. Pelez l'oignon et piquez-le avec les clous de girofle.

Déposez la viande dans une grande cocotte, couvrez-la d'eau froide puis portez à ébullition 1 minute. Égouttez-la dans une passoire et rincez-la sous l'eau froide. Remettez-la dans la cocotte propre avec les légumes entiers, le bouquet garni, du poivre et du sel. Couvrez d'eau froide et portez à ébullition. Écumez la surface puis faites cuire 1 heure 15 à 1 heure 30 sur feu moyen sous couvert.

Pendant ce temps, épluchez les petits oignons. Faites-les revenir 2 minutes dans une sauteuse avec 30 g de beurre. Saupoudrez-les de sucre et mélangez 1 minute pour bien les enrober ; salez et poivrez. Ajoutez de l'eau à hauteur puis couvrez-les avec une feuille de papier sulfurisé. Faites cuire 15 à 20 minutes sur feu moyen.

Pelez et rincez les champignons puis coupez-les en deux ou en quatre. Faites-les sauter dans une poêle avec 30 g de beurre 6 à 8 minutes sur feu vif ; salez et poivrez.

Émincez le bacon et faites-le rissoler dans une poêle 2 minutes sur feu vif avec l'huile.

Lorsque la viande est cuite, éteignez le feu et laissez-la reposer 15 minutes dans le bouillon. Filtrez 1 litre de bouillon et versez-le dans une casserole. Faites bouillir 10 minutes sur feu vif puis ajoutez la crème liquide. Laissez réduire 15 à 20 minutes sur feu moyen. Ajoutez la Maïzena® délayée dans un peu d'eau froide et faites bouillir quelques minutes. Ajoutez le reste de beurre. Passer au mixeur plongeant.

Égouttez la viande et déposez-la dans la sauce. Ajoutez les petits oignons sans leur jus de cuisson, les champignons et le bacon. Faites chauffer sur feu très doux quelques minutes (ou réservez au bain-marie). Servez avec une purée au chèvre frais ou du riz nature.

Café-Restaurant
Les Entrées
Soupe à l'oignon gratinée au porto 8.9
Fagot d'asperges tièdes à la vinaigrette 8.5
Terrine de canard 9.0
6 escargots de Bourgogne 8.5
12 escargots de Bourgogne 14.5
Terrine de campagne 8.5
Salade d'écrevisses à la coriandre 10.8
&
Les Plats Garnis
Magret de canard, sauce au miel, riz basmati 16.0
Entrecôte poêlée, beurre maître d'hôtel, tagliatelles 19.0
Confit de canard, tagliatelles au basilic 18.0
Emincé de volaille à l'estragon, riz basmati 15.5
Menu Montmartre
Soupe à l'oignon 18.9
Terrine de campagne
Salade verte, tomates et oignons
&
Blanc de volaille aux herbes
Spaghetti à la bolognaise
Tagliatelles à la provençale
Omelette aux fines herbes
&
Mousse au chocolat
Crêpe au beurre, sucre
Fromage blanc
Portion de brie

LES DESSERTS

FAISSELLE AU COULIS DE FRUITS ROUGES

Préparation : 15 minutes
Égouttage : 6 heures
Cuisson : 3 minutes

INGRÉDIENTS

Pour 4 personnes

- 500 g de faisselle de vache
- 300 g de fraises
- 200 g de framboises
- 1 citron
- 30 g de noisettes
- 5 cl de sirop d'orgeat
- 20 g de sucre glace

Égouttez la faisselle avec une passoire fine placée dans un récipient pendant 5 à 6 heures au réfrigérateur.

Lavez les fruits rouges, équeutez les fraises, coupez-les en quartiers. Lavez le citron, zestez la moitié, et pressez le jus.

Dans un saladier, déposez 150 g de fraises et 80 g de framboises. Ajoutez le jus et les zestes de citron, le sucre glace, le sirop d'orgeat. Mixez le tout avec un mixeur plongeant pour obtenir un coulis. Filtrez le coulis dans un bol avec une passoire. Placez le coulis au réfrigérateur.

Faites torréfier les noisettes 3 minutes dans une poêle chaude. Laissez-les refroidir et concassez-les avec un couteau.

Répartissez la faisselle dans des coupelles avec le reste des fruits rouges. Nappez de coulis bien frais, parsemez de noisettes et servez.

HISTOIRE DE PLAT N° 6

LA TARTE TATIN

Cela fait plus d'un siècle que l'on raconte ici et là que la tarte Tatin serait le résultat d'une maladresse.

“Pour certains, Stéphanie (dite Fanny) qui tenait, avec sa sœur Caroline, l'*Hôtel Tatin* à Lamotte-Beuvron dans le Loir-et-Cher aurait enfourné sa tarte aux pommes en oubliant de mettre la pâte. Une fois consciente de son erreur, elle aurait déposé la pâte sur les pommes directement dans le four. Pour d'autres, le plat serait tombé par terre à la sortie du four, et Fanny l'aurait retourné sur une assiette.

Qui dit vrai ? Ni les uns ni les autres si l'on en croit Henri Delétang, historien et auteur de *La tarte Tatin, histoire et légendes*. Fanny Tatin aurait tout simplement reçu la recette de la cuisinière du comte Alfred Leblanc de Chatauvillard du domaine de Tracy en Sologne, situé à quelques kilomètres de Lamotte-Beuvron. Reste à comprendre comment une recette locale est devenue aussi populaire dans tout l'Hexagone.

On doit cette notoriété au restaurant Maxim's à Paris ouvert en 1893 qui l'avait inscrite à la carte sous le nom de *Tarte des Demoiselles Tatin* grâce à un des membres de la famille qui aurait réussi à se procurer la recette après avoir fréquenté l'établissement des sœurs Tatin qui ne la proposaient qu'en saison avec des reines des reinettes aux premiers jours de l'automne, puis avec des calvilles jusqu'au cœur de l'hiver. Une variété quelque peu oubliée de nos jours que la Confrérie des Lichonneux de la Tarte Tatin recommande de remplacer par de la royal gala.”

CRÈMES CATALANES

Préparation : 15 minutes
Cuisson : 10 minutes
Réfrigération : 3 heures

INGRÉDIENTS

Pour 4 personnes

- 4 œufs
- 2 citrons jaunes bio non traités
- 1 pincée de cannelle
- 15 g de maïzena
- 60 cl de lait
- 100 g de sucre semoule
- 60 g de sucre cassonade

Versez 50 cl de lait dans une casserole. Lavez et zestez les citrons. Ajoutez les zestes et la cannelle dans le lait, portez à ébullition sur feu moyen.

Cassez les œufs dans un récipient. Ajoutez le sucre semoule, fouettez 2 minutes. Mélangez la maïzena avec le reste de lait froid dans un bol, et incorporez-les aux œufs battus, puis fouettez encore 1 minute.

Versez le lait bouillant sur les œufs battus, mélangez, puis remettez le tout dans la casserole. Faites cuire 4 à 5 minutes sur feu moyen en remuant sans cesse pour obtenir une crème légèrement épaisse. Versez la crème dans 4 coupelles ou grands ramequins. Laissez refroidir, puis placez les coupelles 3 heures au réfrigérateur.

Sortez les coupelles 15 minutes avant de les servir. Saupoudrez la surface des crèmes de sucre cassonade. Caramélisez-les avec un chalumeau de cuisine, ou 4 à 5 minutes sous le gril du four, ou avec un fer à crème catalane, et servez.

Vous pouvez flamber les crèmes avec du *limoncello* : une fois les crèmes caramélisées, faites chauffer 8 cl de *limoncello* dans une casserole, flambez-le, et versez-le sur les crèmes.

BABA AU RHUM
CHANTILLY CITRONNÉE

Préparation : 20 minutes
Pousse : 30 minutes
Cuisson : 25 minutes

INGRÉDIENTS

Pour 4 à 6 personnes

- 5 œufs
- 20 cl de jus de citron
- 10 cl de rhum
- 60 g de beurre
  + 20 g pour le moule
- 200 g de farine
  + 20 g pour le moule
- 8 g de levure de boulangerie
- 120 g de sucre
- 1 pincée de sel

Pour la chantilly :

- 2 citrons jaunes bio non traités
- 25 cl de crème liquide
- 60 g de sucre glace

Délayez la levure dans un verre avec 3 cl d'eau tiède. Versez la farine dans la cuve du batteur avec 20 g de sucre, le sel, le beurre mou en petits morceaux et la levure délayée. Faites tourner doucement avec le crochet du batteur, puis incorporez les œufs un à un. Laissez tourner 10 à 15 minutes à vitesse moyenne jusqu'à ce que la pâte soit lisse et légèrement élastique.

Beurrez et farinez un moule à savarin. Versez la pâte dans le moule aux 3/4. Laissez pousser la pâte jusqu'en haut du moule pendant 30 minutes environ à température ambiante.

Préchauffez le four à 180 °C (th. 6).

Ajoutez le jus de citron, le reste de sucre, 5 cl d'eau et le rhum dans une casserole, faites bouillir le tout 3 minutes.

Enfournez le moule, faites cuire le gâteau 20 minutes. Vérifiez la cuisson en enfonçant la lame d'un couteau à l'intérieur, elle doit ressortir sèche.

Sortez le gâteau, laissez-le refroidir 10 minutes, puis démoulez-le délicatement sur une grille posée sur une plaque pour pouvoir récupérer le sirop à l'imbibage, laissez-le complètement refroidir.

Remettez bouillir le sirop au citron 20 secondes, puis imbibez le baba en versant doucement le sirop dessus. Récupérez le sirop tombé dans la plaque, recommencez l'opération jusqu'à ce que le baba soit complètement imbibé, laissez refroidir.

Lavez et zestez les citrons. Montez la crème en chantilly, ajoutez le sucre glace et les zestes de citron. Garnissez le centre du baba de crème citronnée et servez.

PROFITEROLES PRALINÉES
SAUCE CHOCOLAT ET AMANDES EFFILÉES

Préparation : 30 minutes
Cuisson : 1 heure

INGRÉDIENTS

Pour 4 personnes

Pour la pâte à choux :
- 3 œufs + 1 jaune pour la dorure
- 80 g de pralin en poudre
- 5 cl de lait
- 75 g de beurre
- 90 g de farine
- 10 cl d'eau
- 10 g de sucre
- 1 pincée de sel

Pour la sauce chocolat :
- 200 g de chocolat noir
- 1 pincée de cannelle
- 20 cl de lait

- 100 g d'amandes effilées
- 80 cl de glace vanille
- 20 g de sucre

Préparez les choux : préchauffez le four à 180 °C (th. 6). Mettez le lait, l'eau, le sucre, le sel et le beurre en morceaux dans une casserole. Portez à ébullition. Hors du feu, ajoutez la farine tamisée en pluie. Mélangez avec une spatule. Remettez la casserole sur le feu, faites dessécher la pâte 4 à 5 minutes en remuant sur feu moyen jusqu'à ce que cela forme une boule. Déposez la pâte dans un récipient, laissez-la refroidir 5 minutes, puis ajoutez les œufs un à un en mélangeant vivement.

À l'aide d'une poche munie d'une douille unie de 10 mm de diamètre, couchez la pâte en forme de choux sur une plaque de four recouverte d'une feuille de papier sulfurisé. À l'aide d'un pinceau, badigeonnez délicatement chaque chou avec un peu de jaune d'œuf délayé avec 2 cuillerées à soupe d'eau dans une tasse. Parsemez chaque chou de pralin en poudre. Enfournez et faites cuire les choux 30 à 35 minutes.

5 minutes avant la fin de la cuisson, entrouvrez la porte du four quelques secondes pour évacuer la vapeur d'eau. Sortez les choux, laissez-les refroidir sur une grille avant de les garnir.

Faites griller les amandes 3 à 4 minutes dans une poêle sur feu moyen. Saupoudrez-les de sucre, laissez-les légèrement caraméliser. Réservez-les sur une assiette, laissez refroidir.

Hachez le chocolat avec un couteau. Mettez-le dans un récipient avec le lait et la cannelle. Placez le récipient dans un bain-marie pendant 15 minutes. Mélangez la sauce avec un fouet.

Au moment de servir, coupez les choux en deux, garnissez chaque chou avec une boule de glace vanille. Disposez les choux dans les assiettes, nappez-les de sauce au chocolat, parsemez d'amandes et servez aussitôt. Vous pouvez accompagner les profiteroles avec une chantilly maison à la vanille.

TARTE AUX POMMES
AUX PÉPITES DE SUCRE

Préparation : 40 minutes
Repos : 2 heures
Cuisson : 1 h 30

INGRÉDIENTS

Pour 4 personnes

Pour la pâte sablée :

- 1 œuf + 1 jaune
- 100 g de beurre
  + 10 g pour le moule
- 200 g de farine
- 100 g de sucre

Pour la garniture :

- 6 pommes Golden moyennes
- 2 cuillerées à soupe
  de confiture d'abricot
- 2 cuillerées à soupe de calvados
- 60 g de beurre
- 80 g de sucre semoule
- 60 g de sucre à chouquette

Préparez la pâte sablée : mélangez le beurre mou et le sucre dans la cuve d'un batteur équipé d'une feuille. Faites tourner 2 minutes puis ajoutez la farine, l'œuf et le jaune. Laissez tourner encore 2 minutes pour obtenir une pâte. Formez une boule, enveloppez-la de film alimentaire, placez-la au moins 2 heures au réfrigérateur.

Épluchez 3 pommes, coupez-les en morceaux. Mettez-les dans une casserole avec 40 g de beurre, le sucre semoule et un petit verre d'eau. Couvrez la casserole, faites cuire la compote 20 minutes sur feu moyen. Retirez le couvercle, laissez cuire encore 10 minutes en remuant régulièrement. Mixez la compote avec un mixeur à bras, laissez-la refroidir.

Sortez la pâte, étalez-la sur 4 à 5 mm d'épaisseur, chemisez un moule à tarte beurré avec, piquez le fond avec les dents d'une fourchette, placez le moule au congélateur 10 minutes.

Préchauffez le four à 180 °C (th. 6).

Épluchez les 3 autres pommes, coupez-les en deux puis chaque demi-pomme en fines tranches.

Répartissez la compote dans le fond de tarte, puis rangez les pommes dessus. Saupoudrez la surface avec le sucre à chouquette et déposez le reste du beurre en petits morceaux.

Enfournez la tarte et faites-la cuire 45 minutes.

Faites bouillir le calvados 2 minutes dans une casserole avec la confiture d'abricot et 5 cl d'eau.

Sortez la tarte du four, nappez la surface avec la confiture d'abricot à l'aide d'un pinceau. Laissez refroidir et dégustez. Servez avec de la crème fraîche entière épaisse, de la glace vanille, ou un caramel laitier.

FONDANTS AU CHOCOLAT

Préparation : 15 minutes
Cuisson : 12 minutes

INGRÉDIENTS

Pour 4 personnes

- 150 g de chocolat noir 70 %
3 œufs
150 g de beurre + 10 g pour le moule
75 g de farine + 15 g pour le moule
100 g de sucre

Préchauffez le four à 190 °C (th. 6-7).

Beurrez et farinez un moule à manqué de 20 cm de diamètre environ, ou 4 ramequins de 8 cl environ.

Faites fondre le chocolat et le beurre dans un récipient au bain-marie.

Dans un récipient, fouettez les œufs entiers avec le sucre.
Ajoutez la farine, mélangez, puis ajoutez le mélange chocolat et beurre, et remuez.

Versez la préparation dans le moule. Enfournez-le et faites cuire le gâteau 12 minutes.

Sortez le fondant, laissez-le refroidir avant de le couper en parts, et de le servir. Accompagnez avec une crème anglaise, une chantilly, ou un coulis de fruits rouges.

TARTE TATIN

Préparation : 30 minutes
Réfrigération : 3 heures
Cuisson : 1 h 15

INGRÉDIENTS

Pour 4 personnes

- 250 g de pâte feuilletée fraîche ou surgelée en bloc
- 1 kg de pomme Golden
- 70 g de beurre
- 150 g de sucre

Coupez le beurre en petits morceaux. Mettez-le dans une casserole avec le sucre.

Faites chauffer doucement en remuant avec une spatule en bois jusqu'à ce que le beurre soit fondu. Laissez cuire 10 à 15 minutes sur feu moyen en remuant régulièrement avec une spatule en bois pour obtenir un caramel légèrement brun. Versez le caramel dans un moule à manqué de 20 cm environ, laissez refroidir.

Préchauffez le four à 180 °C (th. 6).

Épluchez les pommes, coupez-les en quartiers.
Rangez-les dans le moule en les serrant fortement.

Étalez la pâte feuilletée sur 5 à 7 mm d'épaisseur, découpez un rond de pâte légèrement plus grand que le moule.

Déposez la pâte sur les pommes, enfoncez légèrement la pâte sur les côtés du moule. Enfournez et faites cuire la tarte 50 minutes.

Sortez le moule du four, laissez refroidir, puis placez-le au réfrigérateur au moins 3 heures avec une assiette posée dessus pour tasser les pommes.

Sortez la tarte, passez le moule 10 secondes sur feu vif, puis démoulez délicatement la tarte Tatin sur un plat.

Accompagnez avec de la crème fraîche entière épaisse, de la crème anglaise vanillée, ou de la glace à la vanille.

ANANAS CARAMÉLISÉ

FLAMBÉ AU RHUM, NOUGATINE DE PISTACHES

Préparation : 30 minutes
Cuisson : 30 minutes

INGRÉDIENTS

Pour 4 personnes

- 1 ananas Victoria pas trop mûr
- 60 g de pistaches
- 1 gousse de vanille
- 10 cl de rhum brun
- 60 g de beurre
- 150 g de sucre

Préparez la nougatine : hachez grossièrement les pistaches avec un couteau. Faites cuire 60 g de sucre dans une casserole avec 3 cuillerées à soupe d'eau pendant 6 à 8 minutes pour obtenir un caramel légèrement brun. Hors du feu, ajoutez les pistaches concassées. Mélangez puis remettez à cuire le caramel 2 minutes sur feu doux en mélangeant sans cesse. Étalez la nougatine sur une feuille de papier sulfurisé, laissez-la refroidir, puis hachez-la grossièrement avec un couteau.

Retirez la peau et les parties noires de l'ananas. Coupez-le en quatre. Ouvrez et grattez l'intérieur de la gousse de vanille. Faites chauffer le beurre dans une sauteuse ou une poêle. Quand le beurre crépite, déposez les quartiers d'ananas dans la poêle, faites-les dorer sur toutes leurs faces sur feu moyen pendant 8 à 10 minutes.

Saupoudrez-les de sucre, enrobez-les bien pour les faire caraméliser. Ajoutez les graines de vanille, mélangez, puis arrosez-les de rhum. Faites flamber, laissez réduire le rhum en mélangeant et en arrosant les morceaux d'ananas avec une cuillère.

Répartissez les morceaux d'ananas dans les assiettes, parsemez de nougatine à la pistache et servez.

VACHERIN VANILLE ET FRUITS ROUGES

Préparation : 30 minutes
Congélation : 5 heures
Cuisson : 1 heure

INGRÉDIENTS

Pour 4 à 6 personnes

- 60 cl de crème glacée à la vanille
- 60 cl de sorbet fruits rouges
- 200 g de framboises
- 100 g de mûres
- 60 g de myrtilles
- 40 g de groseilles

Pour la crème chantilly :

- 1 gousse de vanille
- 30 cl de crème liquide entière
- 80 g de sucre glace
  + 20 g pour la finition

Pour la meringue :

- 2 blancs d'œufs
- 55 g de sucre glace
- 55 g de sucre semoule
- 1 pincée de sel

Préparez la meringue : préchauffez le four à 110 °C (th. 3-4). Dans la cuve d'un robot, montez les blancs d'œufs en neige bien ferme avec une pincée de sel. Ajoutez le sucre semoule, laissez tourner 2 minutes, puis ajoutez le sucre glace. Laissez tourner encore 5 minutes. Couchez la meringue en rond à l'aide d'une poche et d'une grosse douille de la taille de votre moule ou de votre cercle de pâtisserie sur une plaque de four recouverte d'une feuille de papier sulfurisé. Enfournez et faites cuire la meringue 1 heure. Sortez-la, laissez-la refroidir.

Sortez la glace et le sorbet du congélateur 15 minutes avant de monter le vacherin. Garnissez le fond du moule ou du cercle avec la meringue, couvrez avec la glace vanille en tassant avec une cuillère, puis avec le sorbet. Lissez la surface avec le dos d'une cuillère.

Placez le vacherin au moins 4 heures au congélateur.

Lavez et séchez délicatement les fruits dans un torchon. Montez la crème en chantilly bien ferme avec l'intérieur de la gousse de vanille et 80 g de sucre glace. 45 minutes avant de servir, sortez le vacherin, garnissez généreusement le dessus de crème chantilly à l'aide d'une poche et d'une douille cannelée. Enfoncez les fruits dans la crème puis placez le vacherin 1 heure au congélateur.

Sortez le vacherin, poudrez-le de sucre glace et servez.

LA PAV-LOVA

Composée d'une base de meringue moelleuse à l'intérieur et croustillante à l'extérieur, recouverte de crème fouettée et garnie de fruits, cette pâtisserie fêtera bientôt son centenaire.

“ Cette recette, que l’on peut réaliser toute l’année au gré des fruits de saison, est au cœur d’une querelle qui oppose la Nouvelle-Zélande et l’Australie. Les deux pays s’accordent sur un point, la pâtisserie rend hommage à une ballerine russe, Anna Pavlova (1881 – 1931).

Adulée à travers le monde, Anna Pavlova fait escale en Océanie en 1926, notamment à Wellington en Nouvelle-Zélande. Le chef d’un palace de la ville se serait inspiré du costume de la ballerine pour imaginer une texture aérienne et, dit-on, légère comme un tutu. Bien que des historiens aient épluché des dizaines de documents attestant de cette version, les Australiens maintiennent que le dessert a été créé à Perth par le chef d’un hôtel qui souhaitait rendre hommage à la danseuse, 4 ans après sa disparition.

L’histoire aurait pu s’arrêter là, mais en réalité d’autres historiens ont démontré que la composition de ce dessert existait bien avant la popularité mondiale d’Anna Pavlova, notamment en Allemagne ou aux États-Unis où des versions existaient soit glacées, soit en gelée, soit meringuées. Toujours est-il que cette pâtisserie s’est diffusée à travers le monde sans doute par sa facilité de réalisation (à condition de bien maîtriser la cuisson de la meringue), et par une liste d’ingrédients relativement courte. ”

JATTE DE MOUSSE AU CHOCOLAT

Préparation : 30 minutes
Réfrigération : 6 heures

INGRÉDIENTS

Pour 4 à 6 personnes

- **250 g de chocolat noir 70 %**
- **4 œufs**
- **60 g de beurre**
- **25 g de sucre**
- **1 pincée de sel**

Hachez grossièrement le chocolat avec un couteau. Faites-le fondre avec le beurre dans un récipient au bain-marie.

Séparez les blancs des jaunes d'œufs. Mélangez le chocolat et le beurre avec une spatule. Ajoutez les jaunes d'œufs un à un.

Montez les blancs d'œufs en neige bien ferme avec une pincée de sel. Incorporez 10 % des blancs dans le chocolat en mélangeant avec un fouet, puis incorporez le reste en soulevant délicatement la préparation avec une spatule.

Versez la mousse dans une jatte ou un autre récipient, placez-la au moins 6 heures au réfrigérateur avant de la déguster.

Accompagnez la mousse avec des madeleines, des financiers ou des meringues.

POIRES BELLE-HÉLÈNE POCHÉES À LA CANNELLE

Préparation : 30 minutes
Réfrigération : 3 heures
Cuisson : 50 minutes

INGRÉDIENTS

Pour 4 personnes

- 2 poires à chair ferme type Conférence
- 150 g de chocolat noir
- 1 zeste de citron
- 1 pincée de gingembre en poudre
- 1 bâton de cannelle
- 50 g d'amandes effilées
- 80 cl de glace vanille
- 20 cl de lait
- 150 g de sucre

Faites bouillir 80 cl d'eau dans une casserole avec le sucre, le zeste de citron, le gingembre et la cannelle.

Épluchez les poires, coupez-les en deux, retirez les pépins et plongez-les dans le sirop frémissant. Faites-les cuire 35 à 40 minutes sur feu doux. Vérifiez la cuisson en enfonçant la pointe d'un couteau dans la chair, elle doit rentrer parfaitement. Éteignez le feu, laissez les poires refroidir dans le sirop puis placez-les au moins 3 heures au réfrigérateur.

Dans un récipient, hachez le chocolat, et faites-le fondre avec le lait au bain-marie. Fouettez pour lisser le chocolat.

Égouttez les poires. Répartissez-les dans des coupes. Formez des boules de glace à la vanille et déposez-les sur les poires.

Nappez de chocolat chaud, parsemez d'amandes et dégustez aussitôt.

TARTELETTES

AU CITRON VERT, MERINGUE À LA ROSE

Préparation : 45 minutes
Réfrigération : 1 heure
Cuisson : 50 minutes

INGRÉDIENTS

Pour 6 personnes

- 500 g de pâte sablée
- Le jus et le zeste de 4 citrons verts
- 3 œufs entiers + 3 jaunes
- 5 cl de jus d'orange frais
- 12 cl de crème liquide entière
- 75 g de beurre + 40 g pour les moules
- 150 g de sucre semoule

Pour la meringue :

- 2 blancs d'œufs
- 2 cuillerées à soupe d'eau de rose
- 2 ou 3 gouttes de colorant alimentaire rouge
- 100 g de sucre semoule
- 1 pincée de sel

Dans une casserole, déposez le beurre coupé en morceaux. Ajoutez le sucre, la crème liquide, les œufs entiers et les jaunes, le jus d'orange, le jus et les zestes de citron. Faites cuire 10 minutes environ sur feu doux en fouettant sans cesse jusqu'à ce que la préparation épaississe légèrement (elle ne doit absolument pas bouillir). Versez cette crème au citron dans un saladier, filmez et laissez refroidir.

Abaissez la pâte sablée sur 4 à 5 mm d'épaisseur. Beurrez 6 moules à tartelettes (ou un grand moule à tarte) et garnissez-les de pâte. Piquez les fonds avec les dents d'une fourchette. Placez 1 heure au réfrigérateur.

Préchauffez le four à 180 °C (th. 6).

Enfournez les fonds de tartelettes à blanc et faites cuire 15 à 20 minutes. Sortez-les du four et laissez-les refroidir. Positionnez le four à 120 °C (th. 4).

Étalez la crème au citron sur les fonds de tartelettes ; lissez la surface. Enfournez à nouveau 15 à 20 minutes. Laissez refroidir.

Réalisez la meringue : montez les blancs d'œufs en neige ferme avec la pincée de sel. Ajoutez le sucre et fouettez encore 5 minutes à pleine vitesse pour bien serrer les blancs. Incorporez l'eau de rose et le colorant.

À l'aide d'une poche à douille, décorez les tartelettes de meringue. Dorez légèrement la surface de la meringue avec un chalumeau de cuisine ou 10 secondes sous le gril du four. Dégustez sans attendre.

RIZ AU LAIT CRÉMEUX AU CARAMEL ET AUX NOISETTES

Préparation : 10 minutes
Cuisson : 50 minutes

INGRÉDIENTS

Pour 4 personnes

- 120 g de riz rond
- 40 g de noisettes entières
- 1 gousse de vanille
- 20 cl de crème liquide
- 1 l de lait
- 230 g de sucre

Ouvrez et grattez la gousse de vanille. Mettez la gousse et les graines de vanille dans une casserole avec le lait. Portez à ébullition sur feu moyen.

Ajoutez le riz en pluie avec 150 g de sucre. Remuez avec une spatule jusqu'au retour de l'ébullition, baissez le feu, faites cuire 25 à 30 minutes sur feu doux en remuant régulièrement.

Versez le reste du sucre dans une casserole avec 5 cl d'eau. Faites cuire 10 à 12 minutes sur feu moyen sans remuer pour obtenir un caramel légèrement brun.

Hors du feu, ajoutez 10 cl de crème liquide, remettez la casserole sur feu doux, et mélangez avec un fouet. Versez le caramel dans un bol, laissez refroidir.

Torréfiez les noisettes 3 à 4 minutes dans une poêle chaude sans matière grasse. Laissez-les refroidir sur une assiette, puis concassez-les grossièrement avec un couteau.

En fin de cuisson du riz, ajoutez le reste de crème liquide. Débarrassez le riz dans un plat ou un récipient, laissez-le refroidir.

Servez le riz dans des bols ou des ramequins, nappez-le de caramel, parsemez de noisettes et dégustez. Consommez-le à température ambiante (il est meilleur), ou froid.

ÎLE FLOTTANTE
AUX PRALINES ROSES ET AU CARAMEL

Préparation : 40 minutes
Réfrigération : 4 heures
Cuisson : 30 minutes

INGRÉDIENTS

Pour 4 personnes

Pour la crème anglaise :
- 7 jaunes d'œufs
- 50 g de pralin
- 80 cl de lait
- 130 g de sucre

Pour les blancs en neige :
- 7 blancs d'œufs
- 10 g de beurre pour le moule
- 120 g de sucre
- 1 pincée de sel

Pour la finition :
- 80 g de pralines roses
- 10 cl d'eau
- 100 g de sucre

Réalisez la crème anglaise : faites bouillir le lait dans une casserole. Dans un récipient, blanchissez les jaunes d'œufs et le sucre avec un fouet. Versez le contenu de la casserole dessus, mélangez, puis remettez le tout dans la casserole, et faites cuire la crème 8 à 10 minutes sur feu très doux en remuant sans cesse avec une spatule ; la crème doit napper la spatule quand elle est cuite. Ajoutez le pralin, mélangez avec le fouet. Versez la crème dans un récipient propre, et posez-le sur un autre récipient rempli de glaçons pour arrêter la cuisson. Mélangez régulièrement jusqu'au refroidissement complet. Placez la crème 4 heures au réfrigérateur.

Réalisez les blancs en neige : préchauffez le four à 180 °C (th. 6). Beurrez une terrine de 20 x 10 cm. Avec un batteur, montez les blancs d'œufs en neige bien ferme avec une pincée de sel. Versez doucement le sucre, battez encore 2 minutes à pleine vitesse. Transvasez les blancs en neige dans la terrine, lissez la surface avec une spatule métallique. Placez le moule dans un bain-marie, enfournez, et faites cuire les blancs 18 à 20 minutes.

Sortez la terrine, laissez refroidir les blancs, placez la terrine 3 heures au réfrigérateur.

Réalisez le caramel : versez le sucre dans une casserole avec 2 cuillerées à soupe d'eau, faites cuire le sucre 8 à 10 minutes sur feu moyen pour obtenir un caramel légèrement brun. Retirez la casserole du feu, versez le reste d'eau en faisant attention aux éclaboussures de caramel. Remettez la casserole sur feu doux pendant 30 secondes en faisant tourner la casserole pour mélanger le caramel. Versez-le dans un bol, laissez-le refroidir.

Démoulez les blancs en neige, coupez-les en tranches épaisses. Concassez les pralines avec un couteau.

Versez la crème dans les assiettes, déposez les blancs en neige dessus, nappez de caramel, parsemez de pralines concassées et servez.

PAVLOVA
À LA CRÈME DE MARRONS ET CRÈME PRALINÉE

Préparation : 40 minutes
Cuisson : 1 h 40
Repos : 3 heures
Réfrigération : 2 heures

INGRÉDIENTS

Pour 4 personnes

- 300 g de crème de marrons
- 150 g de blancs d'œufs (environ 4)
- 150 g de sucre semoule
- 100 g de sucre glace tamisé + 20 g pour la déco
- 1 pincée de sel

Pour la crème pralinée :

- 1 grosse cuillerée à soupe de pralin liquide
- 2 jaunes d'œufs
- 30 cl de lait
- 60 g de sucre

Pour la chantilly :

- 1 gousse de vanille
- 20 cl de crème liquide entière
- 5 cl de lait
- 50 g de sucre glace

Préchauffez le four à 110 °C (th. 3-4).

Préparez les meringues : dans le bol d'un batteur, montez les blancs d'œufs en neige bien ferme avec une pincée de sel. Versez le sucre semoule en pluie, laissez tourner le batteur 5 minutes à pleine vitesse. Baissez légèrement la vitesse du batteur, versez également 100 g de sucre glace en pluie, laissez tourner encore 5 minutes. Couvrez une plaque de four avec une feuille de papier sulfurisé. Étalez les meringues en gros dômes avec une poche munie d'une grosse douille unie. Enfournez les meringues et faites-les cuire 1 h 30. Sortez-les, laissez-les reposer au moins 3 heures à l'air libre.

Préparez la crème pralinée : faites bouillir le lait dans une casserole. Fouettez les jaunes d'œufs et le sucre dans un récipient. Versez le lait bouillant dessus. Remettez tout dans la casserole, faites cuire 5 à 6 minutes sur feu très doux en remuant sans cesse avec une spatule pour obtenir une crème anglaise. Hors du feu, ajoutez le pralin, mélangez. Versez la crème dans un récipient propre, laissez refroidir, placez-la au réfrigérateur au moins 2 heures.

Réalisez la chantilly : mélangez la crème et le lait bien froids avec l'intérieur de la gousse de vanille dans le bol d'un batteur. Montez le tout en chantilly. Quand la crème commence à monter, versez progressivement le sucre glace. Continuez de battre pour obtenir une chantilly bien ferme.

Formez un trou dans le haut des meringues, répartissez la crème de marrons, couvrez de chantilly, nappez de crème pralinée, poudrez de sucre glace, et servez.

PETITS POTS DE CRÈME AU CAFÉ

SABLÉS DIAMANTS

Préparation : 30 minutes
Réfrigération : 4 heures
Cuisson : 50 minutes

INGRÉDIENTS

Pour 4 personnes

Pour les crèmes :
- 6 jaunes d'œufs
- 10 cl de café fort
- 1 cuillerée à café d'extrait de café
- 75 cl de lait
- 160 g de sucre

Pour les sablés :
- 1 œuf
- 100 g de farine
- 1 pincée de levure
- 60 g de beurre mou
- 35 g de sucre glace
- 70 g de sucre semoule ou cristal
- 1 pincée de sel

Réalisez la pâte à sablés : dans un récipient, mélangez le beurre mou avec le sucre glace.

Ajoutez la farine, la levure, le sel et l'œuf. Mélangez pour obtenir une pâte homogène. Formez un boudin de 2 cm de diamètre, enveloppez-le dans du film alimentaire, placez-le 2 heures au réfrigérateur.

Réalisez les crèmes : faites bouillir le lait avec le café fort dans une casserole. Dans un récipient, blanchissez les jaunes d'œufs avec le sucre. Versez le lait dessus, ajoutez l'extrait de café, mélangez avec un fouet. Laissez refroidir la préparation, placez-la 2 heures au réfrigérateur.

Préchauffez le four à 160 °C (th. 5-6). Versez la crème dans des ramequins individuels. Déposez-les dans un bain-marie, enfournez-les et faites-les cuire 30 minutes.

Sortez les crèmes, laissez-les refroidir, puis placez-les au moins 2 heures au réfrigérateur.

Augmentez le four à 180 °C (th. 6).

Sortez le boudin de pâte, retirez le film alimentaire, puis coupez des tranches de 6 à 8 mm d'épaisseur. Roulez-les dans le sucre semoule ou le sucre cristal. Posez-les sur une plaque de four recouverte d'une feuille de papier sulfurisé. Enfournez les sablés, et faites-les cuire 16 à 18 minutes.

Sortez les sablés, laissez-les refroidir. Dégustez les crèmes avec les sablés.

1 OZ
3/4 OZ

CAFE

MILLEFEUILLES
CARAMÉLISÉS À LA VANILLE

Préparation : 1 heure
Cuisson : 30 minutes

INGRÉDIENTS

Pour 6 millefeuilles

- 750 g de pâte feuilletée fraîche ou surgelée (3 pâtons de 250 g chez Picard)
- 2 œufs entiers + 2 jaunes
- 60 g de Maïzena
- 2 gousses de vanille
- 60 cl de lait
- 20 cl de crème liquide entière très froide
- 270 g de sucre semoule

Versez le lait dans une casserole. Fendez les gousses de vanille en deux et raclez les graines au-dessus du lait. Mélangez et portez à ébullition.

Dans un saladier, fouettez les œufs entiers et les jaunes avec 140 g de sucre. Ajoutez la Maïzena et mélangez. Versez le lait vanillé bouillant par-dessus. Reversez le tout dans la casserole et faites bouillir 3 minutes en fouettant sans cesse. Versez cette crème pâtissière dans un saladier, filmez et laissez refroidir.

Préchauffez le four à 180 °C (th. 6). Partagez la pâte feuilletée en 2 pâtons de même taille. Saupoudrez le plan de travail avec 80 g de sucre puis abaissez les pâtons sur 3 à 4 mm d'épaisseur en forme de rectangle. Déposez chaque rectangle de pâte sur une plaque à pâtisserie recouverte d'une feuille de papier sulfurisé ou en silicone. Placez une autre feuille sur chaque rectangle puis recouvrez avec une autre plaque. Enfournez 20 minutes.

Ôtez les plaques recouvrant les pâtes et saupoudrez la surface avec le reste de sucre. Enfournez à nouveau 12 à 15 minutes. Laissez refroidir.

Fouettez la crème liquide en chantilly bien ferme. Lissez au fouet la crème pâtissière froide puis incorporez la chantilly.

Détaillez 18 rectangles identiques de pâte feuilletée avec un couteau-scie. Montez les millefeuilles : à l'aide d'une poche à douille unie, nappez de crème vanillée 2 rectangles de feuilletage. Superposez-les puis terminez par un autre rectangle. Réalisez les autres millefeuilles.

PARIS-BREST

Préparation : 1 heure
Cuisson : 30 minutes
Réfrigération : 1 h 30

INGRÉDIENTS

Pour 6 personnes

Pour la pâte à choux :
- 3 œufs entiers
 + 1 jaune pour la dorure
- 100 g de pralin haché
- 90 g de farine tamisée
- 5 cl de lait
- 75 g de beurre
- 10 g de sucre semoule
- 10 cl d'eau
- 1 pincée de sel

Pour la crème pralinée et la déco :
- 10 cl de crème anglaise
- 2 cuillerées à soupe de pralin liquide
- 100 g de pralin haché
- 2 blancs d'œufs
- 150 g de beurre ramolli
- 50 g de sucre glace
- 50 g de sucre semoule
- 1 pincée de sel

Préchauffez le four à 180 °C (th. 6).

Réalisez la pâte à choux : dans une casserole, versez le lait et l'eau Ajoutez le beurre, le sucre et le sel. Portez à ébullition 30 secondes sur feu moyen en mélangeant au fouet.

Hors du feu, ajoutez en pluie la farine tamisée et mélangez pour former une boule. Remettez la casserole sur feu moyen et remuez sans cesse pendant 4 à 5 minutes pour dessécher la pâte.

Déposez la pâte dans un saladier puis ajoutez les œufs un à un en mélangeant vivement (la pâte doit rester souple).

Sur une plaque à pâtisserie recouverte d'une feuille de papier sulfurisé ou en silicone, à l'aide d'une poche munie d'une petite douille, déposez 6 ronds de pâte en les espaçant. Dorez la surface au pinceau de jaune d'œuf délayé avec un peu d'eau. Parsemez de pralin haché. Enfournez pendant 25 à 30 minutes. Laissez-les refroidir.

Réalisez la crème : dans une casserole, faites cuire le sucre semoule avec 5 cl d'eau au gros boulé (125-130 °C) afin d'obtenir un sirop épais mais sans coloration.

Montez les blancs d'œufs en neige ferme avec la pincée de sel. Versez le sirop de sucre tiède par-dessus et continuez de fouetter jusqu'à complet refroidissement.

Mélangez le pralin liquide à la crème anglaise puis incorporez celle-ci à la meringue. Ajoutez enfin le beurre en mélangeant délicatement. Placez la crème 30 minutes au réfrigérateur.

Coupez chaque rond de pâte en deux dans l'épaisseur. Avec une cuillère, garnissez la base de crème pralinée.

Parsemez la crème de pralin haché et recouvrez avec les chapeaux de pâte. Saupoudrez de sucre glace. Placez les Paris-Brest 1 heure au réfrigérateur.

GÂTEAU BASQUE
AUX CERISES NOIRES

Préparation : 45 minutes
Cuisson : 30 minutes

INGRÉDIENTS

Pour 4 personnes

- 600 g de pâte sablée
- 200 g de confiture de cerises noires
- 1 œuf entier + 2 jaunes
- 1 jaune d'œuf pour la dorure
- 40 g de farine
- 40 cl de lait
- 3 gouttes d'extrait d'amande amère
- 20 g de beurre pour le moule
- 110 g de sucre vergeoise blonde

Portez le lait à ébullition dans une casserole.

Dans un saladier, fouettez l'œuf entier et les 2 jaunes avec le sucre vergeoise pour les blanchir. Ajoutez la farine et mélangez. Versez le lait bouillant par-dessus. Reversez le tout dans la casserole et faites bouillir 3 à 4 minutes sur feu moyen sans cesser de fouetter. Débarrassez la crème dans un récipient. Incorporez l'amande amère puis couvrez de film alimentaire pour éviter la formation d'une croûte.

Préchauffez le four à 180 °C (th. 6). Beurrez un moule à tarte ou un cercle en inox de pâtissier. Prélevez les deux tiers de la pâte sablée. Abaissez-la sur le plan de travail à la dimension du moule puis garnissez celui-ci avec la pâte.

Étalez la crème sur la pâte et lissez bien la surface. Répartissez la confiture dessus. Badigeonnez les bords de la pâte de jaune d'œuf.

Abaissez l'autre morceau de pâte sablée sur le plan de travail puis déposez-le sur la garniture pour fermer le gâteau. Rentrez les bords de la pâte à l'intérieur du moule en les soudant avec vos doigts. Badigeonnez la surface de jaune d'œuf.

Enfournez et faites cuire 30 minutes.

Laissez tiédir le gâteau 5 minutes puis déposez délicatement une plaque de cuisson par-dessus pour bien aplatir la surface. Laissez refroidir avant de déguster.

CRUMBLE DE POIRES
AU LEMON CURD

Préparation : 25 minutes
Cuisson : 20 minutes

Ingrédients

Pour 6 personnes

- 6 poires Williams moyennes légèrement fermes
- 3 cuillerées à soupe de lemon curd (épiceries fines)
- ½ cuillerée à café de poivre moulu

Pour la pâte à crumble :

- Les zestes de 1 citron
- 10 graines de coriandre séchées
- 150 g de farine
- 130 g de beurre
- 100 g de vergeoise blonde

Préparez la pâte à crumble : dans un saladier, mélangez 100 g de beurre mou avec la vergeoise, la farine et les zestes de citron jusqu'à ce que la pâte devienne friable.

Épluchez et épépinez les poires, puis coupez-les en gros morceaux. Dans une poêle, faites-les dorer dans le reste de beurre 5 minutes à feu vif. Éteignez le feu, ajoutez le lemon curd, le poivre et la coriandre séchée, puis mélangez. Laissez refroidir.

Préchauffez le four à 200 °C (th. 6-7).

Répartissez les poires cuites dans le fond d'un grand plat. Émiettez la pâte à crumble dessus.

Enfournez et faites cuire le crumble 15 à 20 minutes au four. Sortez-le du four et dégustez aussitôt.

Servez le crumble avec de la glace à la vanille et, pour les plus gourmands, ajoutez 1 cuillerée de lemon curd sur la glace.

WILKIN & SONS
LEMON CURD
TIPTREE · ESSEX

INDEX DES RECETTES

REMERCIEMENTS

Merci à Aurélie et Salomé de chez Mango Éditions pour leur patience.

Merci à Pierre-Louis pour les photos. Après 25 ans de travail ensemble, tout roule toujours aussi bien.

Encore une fois merci à Pierre-Louis et Valérie Maud et leur restaurant Pousse avec ton pain à Boissy-Maugis où nous avons réalisé une grande partie des photos.

Merci à Léa mon assistante… et ma fille.

Merci à Valérie Page, céramiste, pour ses assiettes que vous pouvez retrouver sur Instagram (@valerie_page_ceramiste).

VALÉRY DROUET